Hermann Hesse, 1877 in Calw am Rande des Nordschwarzwaldes geboren, 1962 in Montagnola gestorben, fühlte sich zutiefst dem deutschen Südwesten, dem schwäbisch-alemannischen Sprachraum zugehörig. Hier hatte er seine Wurzeln, hier war sein Jugendland.

Und aus der Jugend hat Hermann Hesse in ganz besonderem Maße seine schriftstellerische Kraft geschöpft, die ihn zum meistgelesenen deutschsprachigen Schriftsteller weltweit werden ließ. Aus den faszinierenden Erzählungen über seine Kindheit und Jugend wird seine erstaunliche Entwicklung begreifbar.

insel taschenbuch 4137
Hermann Hesse
Jugendland

HERMANN HESSE
Jugendland

Erzählungen
Mit einem Nachwort von Herbert Schnierle-Lutz

INSEL VERLAG

Die Texte folgen den *Sämtlichen Werken in 20 Bänden*
Hermann Hesses, herausgegeben von Volker Michels,
erschienen im Suhrkamp Verlag Frankfurt am Main 2003.
© Suhrkamp Verlag
Umschlagfotos: Heinz Wohner / Getty Images;
Photodisc / Getty Images; plainpicture / Minden Pictures

insel taschenbuch 4137
Erste Auflage 2012
© Insel Verlag 2012
© für diese Zusammenstellung:
Klöpfer & Meyer, Tübingen 2011
Vertrieb durch den Suhrkamp Taschenbuch Verlag
Umschlag: bürosüd, München
Druck: CPI – Ebner & Spiegel, Ulm
Printed in Germany
ISBN 978-3-458-35837-4

Inhalt

Kindheit des Zauberers

Wieder steig ich und wieder
In deinen Brunnen, holde Sage von einst,
Höre fern deine goldnen Lieder,
Wie du lachst, wie du träumst, wie du leise weinst.
Mahnend aus deiner Tiefe
Flüstert das Zauberwort;
Mir ist, ich sei trunken und schliefe
Und du riefest mir fort und fort …

Nicht von Eltern und Lehrern allein wurde ich erzogen, sondern auch von höheren, verborgeneren und geheimnisvolleren Mächten, unter ihnen war auch der Gott Pan, welcher in Gestalt einer kleinen, tanzenden indischen Götzenfigur im Glasschrank meines Großvaters stand. Diese Gottheit, und noch andre, haben sich meiner Kinderjahre angenommen und haben mich, lange schon ehe ich lesen und schreiben konnte, mit morgenländischen, uralten Bildern und Gedanken so erfüllt, daß ich später jede Begegnung mit indischen und chinesischen Weisen als eine Wiederbegegnung, als eine Heimkehr empfand. Und dennoch bin ich Europäer, bin sogar im aktiven Zeichen des Schützen

geboren, und habe mein Leben lang tüchtig die abend-
ländischen Tugenden der Heftigkeit, der Begehrlich-
keit und der unstillbaren Neugierde geübt. Zum Glück
habe ich, gleich den meisten Kindern, das fürs Leben
Unentbehrliche und Wertvollste schon vor dem Beginn
der Schuljahre gelernt, unterrichtet von Apfelbäumen,
von Regen und Sonne, Fluß und Wäldern, Bienen und
Käfern, unterrichtet vom Gott Pan, unterrichtet vom
tanzenden Götzen in der Schatzkammer des Großvaters.
Ich wußte Bescheid in der Welt, ich verkehrte furchtlos
mit Tieren und Sternen, ich kannte mich in Obstgärten
und im Wasser bei den Fischen aus und konnte schon
eine gute Anzahl von Liedern singen. Ich konnte auch
zaubern, was ich dann leider früh verlernte und in hö-
herem Alter von neuem lernen mußte, und verfügte
über die ganze sagenhafte Weisheit der Kindheit.

Hinzu kamen nun also die Schulwissenschaften,
welche mir leichtfielen und Spaß machten. Die Schule
befaßte sich klugerweise nicht mit jenen ernsthaften
Fertigkeiten, welche für das Leben unentbehrlich sind,
sondern vorwiegend mit spielerischen und hübschen
Unterhaltungen, an welchen ich oft mein Vergnügen
fand, und mit Kenntnissen, von welchen manche mir
lebenslänglich treu geblieben sind; so weiß ich heute
noch viele schöne und witzige lateinische Wörter,
Verse und Sprüche sowie die Einwohnerzahlen vieler
Städte in allen Erdteilen, natürlich nicht die von heute,
sondern die der achtziger Jahre.

Bis zu meinem dreizehnten Jahre habe ich mich niemals ernstlich darüber besonnen, was einmal aus mir werden und welchen Beruf ich erlernen könnte. Wie alle Knaben, liebte und beneidete ich manche Berufe: den Jäger, den Flößer, den Fuhrmann, den Seiltänzer, den Nordpolfahrer. Weitaus am liebsten aber wäre ich ein Zauberer geworden. Dies war die tiefste, innigst gefühlte Richtung meiner Triebe, eine gewisse Unzufriedenheit mit dem, was man die »Wirklichkeit« nannte und was mir zuzeiten lediglich wie eine alberne Vereinbarung der Erwachsenen erschien; eine gewisse bald ängstliche, bald spöttische Ablehnung dieser Wirklichkeit war mir früh geläufig, und der brennende Wunsch, sie zu verzaubern, zu verwandeln, zu steigern. In der Kindheit richtete sich dieser Zauberwunsch auf äußere, kindliche Ziele: ich hätte gern im Winter Äpfel wachsen und meine Börse sich durch Zauber mit Gold und Silber füllen lassen, ich träumte davon, meine Feinde durch magischen Bann zu lähmen, dann durch Großmut zu beschämen, und zum Sieger und König ausgerufen zu werden; ich wollte vergrabene Schätze heben, Tote auferwecken und mich unsichtbar machen können. Namentlich dies, das Unsichtbarwerden, war eine Kunst, von der ich sehr viel hielt und die ich aufs innigste begehrte. Auch nach ihr, wie nach all den Zaubermächten, begleitete der Wunsch mich durchs ganze Leben in vielen Wandlungen, welche ich selbst oft nicht gleich erkannte. So geschah es mir später, als ich längst erwachsen war und den Beruf eines Literaten ausübte, daß ich häufige Male den Versuch machte, hinter meinen Dichtungen zu verschwinden, mich umzutaufen und hinter bedeutungsreiche spielerische Namen zu verbergen – Versuche, welche mir seltsamerweise von meinen Berufsgenossen des öfteren verübelt und mißdeutet wurden. Blicke ich zurück, so ist mein ganzes Leben unter dem Zeichen dieses Wunsches nach Zauberkraft gestanden; wie die Ziele der Zauberwünsche sich mit den Zeiten wandelten, wie ich sie allmählich der Außenwelt entzog und mich selbst einsog, wie ich allmählich dahin strebte, nicht mehr die Dinge, sondern mich selbst zu verwandeln, wie ich danach trachten lernte, die plumpe Unsichtbarkeit unter der Tarnkappe zu ersetzen durch die Unsichtbarkeit des Wissenden, welcher erkennend stets unerkannt bleibt – dies wäre der eigentlichste Inhalt meiner Lebensgeschichte.

Ich war ein lebhafter und glücklicher Knabe, spielend mit der schönen farbigen Welt, überall zu Hause, nicht minder bei Tieren und Pflanzen wie im Urwald meiner eigenen Phantasie und Träume, meiner Kräfte und Fähigkeiten froh, von meinen glühenden Wünschen mehr beglückt als verzehrt. Manche Zauberkunst übte ich damals, ohne es zu wissen, viel vollkommener, als sie mir je in späteren Zeiten wieder gelang. Leicht erwarb ich Liebe, leicht gewann ich Einfluß auf andre, leicht fand ich mich in die Rolle des Anführers, oder des Umworbenen, oder des Geheimnisvollen. Jüngere

Kameraden und Verwandte hielt ich jahrelang im ehrfürchtigen Glauben an meine tatsächliche Zaubermacht, an meine Herrschaft über Dämonen, an meinen Anspruch auf verborgene Schätze und Kronen. Lange habe ich im Paradies gelebt, obwohl meine Eltern mich frühzeitig mit der Schlange bekannt machten. Lange dauerte mein Kindestraum, die Welt gehörte mir, alles war Gegenwart, alles stand zum schönen Spiel um mich geordnet. Erhob sich je ein Ungenügen und eine Sehnsucht in mir, schien je einmal die freudige Welt mir beschattet und zweifelhaft, so fand ich meistens leicht den Weg in die andere, freiere, widerstandslose Welt der Phantasien und fand, aus ihr wiedergekehrt, die äußere Welt aufs neue und hold und liebenswert. Lange lebte ich im Paradies.

Es war ein Lattenverschlag in meines Vaters kleinem Garten, da hatte ich Kaninchen und einen gezähmten Raben leben. Dort hauste ich unendliche Stunden, lang wie Weltzeitalter, in Wärme und Besitzerwonne; nach Leben dufteten die Kaninchen, nach Gras und Milch, Blut und Zeugung; und der Rabe hatte im schwarzen, harten Auge die Lampe des ewigen Lebens leuchten. Am selben Orte hauste ich andere, endlose Zeiten, abends, bei einem brennenden Kerzenrest, neben den warmen schläfrigen Tieren, allein oder mit einem Kameraden, und entwarf die Pläne zur Hebung ungeheurer Schätze, zur Gewinnung der Wurzel Alraun und zu siegreichen

Ritterzügen durch die erlösungsbedürftige Welt, wo ich Räuber richtete, Unglückliche erlöste, Gefangene befreite, Raubburgen niederbrannte, Verräter ans Kreuz schlagen ließ, abtrünnigen Vasallen verzieh, Königstöchter gewann und die Sprache der Tiere verstand.

Es gab ein ungeheuer großes, schweres Buch im großen Büchersaal meines Großvaters, darin suchte und las ich oft. Es gab in diesem unausschöpflichen Buche alte wunderliche Bilder – oft fielen sie einem gleich beim ersten Aufschlagen und Blättern hell und einladend entgegen, oft auch suchte man sie lang und fand sie nicht, sie waren weg, verzaubert, wie nie dagewesen. Es stand eine Geschichte in diesem Buch, unendlich schön und unverständlich, die las ich oft. Auch sie war nicht immer zu finden, die Stunde mußte günstig sein, oft war sie ganz und gar verschwunden und hielt sich versteckt, oft schien sie Wohnort und Stelle gewechselt zu haben, manchmal war sie beim Lesen sonderbar freundlich und beinahe verständlich, ein andres Mal ganz dunkel und verschlossen wie die Tür im Dachboden, hinter welcher man in der Dämmerung manchmal die Geister hören konnte, wie sie kicherten oder stöhnten. Alles war voll Wirklichkeit und alles war voll Zauber, beides gedieh vertraulich nebeneinander, beides gehörte mir.

Auch der tanzende Götze aus Indien, der in des Großvaters schätzereichem Glasschrank stand, war nicht immer derselbe Götze, hatte nicht immer dasselbe Gesicht, tanzte nicht zu allen Stunden denselben Tanz. Zuzeiten war er ein Götze, eine seltsame und etwas drollige Figur, wie sie in fremden unbegreiflichen Ländern von anderen, fremden und unbegreiflichen Völkern gemacht und angebetet wurden. Zu anderen Zeiten war er ein Zauberwerk, bedeutungsvoll und namenlos unheimlich, nach Opfern gierig, bösartig, streng, unzuverlässig, spöttisch, er schien mich dazu zu reizen, daß ich etwa über ihn lache, um dann Rache an mir zu nehmen. Er konnte den Blick verändern, obwohl er aus gelbem Metall war; manchmal schielte er. Wieder in anderen Stunden war er ganz Sinnbild, war weder häßlich noch schön, war weder böse noch gut, weder lächerlich noch furchtbar, sondern einfach, alt und unausdenklich wie eine alte Rune, wie ein Moosfleck am Felsen, wie die Zeichnung auf einem Kiesel, und hinter seiner Form, hinter seinem Gesicht und Bild wohnte Gott, weste das Unendliche, das ich damals, als Knabe, ohne Namen nicht minder verehrte und kannte als später, da ich es Shiva, Vishnu, da ich es Gott, Leben, Brahman, Atman, Tao oder ewige Mutter nannte. Es war Vater, war Mutter, es war Weib und Mann, Sonne und Mond.

Und in der Nähe des Götzen im Glasschrank, und in anderen Schränken des Großvaters stand und hing und lag noch viel anderes Wesen und Gerät, Ketten aus Holzperlen wie Rosenkränze, palmblätterne Rollen mit eingeritzter alter indischer Schrift beschrieben, Schildkröten aus grünem Speckstein geschnitten, kleine Götterbilder aus Holz, aus Glas, aus Quarz, aus Ton, gestickte seidene und leinene Decken, messingene Becher und Schalen, und dieses alles kam aus Indien und aus Ceylon, der Paradiesinsel mit den Farnbäumen und Palmenufern und den sanften, rehäugigen Singalesen, aus Siam kam es und aus Birma, und alles roch nach Meer, Gewürz und Ferne, nach Zimmet und Sandelholz, alles war durch braune und gelbe Hände gegangen, befeuchtet von Tropenregen und Gangeswasser, gedörrt an Äquatorsonne, beschattet von Urwald. Und alle diese Dinge gehörten dem Großvater, und er, der Alte, Ehrwürdige, Gewaltige, im weißen breiten Bart, allwissend, mächtiger als Vater und Mutter, er war im Besitz noch ganz anderer Dinge und Mächte, sein war nicht nur das indische Götter- und Spielzeug, all das Geschnitzte, Gemalte, mit Zaubern Geweihte, Kokosnußbecher und Sandelholztruhe, Saal und Bibliothek, er war auch ein Magier, ein Wissender, ein Weiser. Er verstand alle Sprachen der Menschen, mehr als dreißig, vielleicht auch die der Götter, vielleicht auch der Sterne, er konnte Pali und Sanskrit schreiben und sprechen, er konnte kanaresische, bengalische, hindostanische, singalesische Lieder singen, kannte die Gebetsübungen der Mohammedaner und der Buddhisten, obwohl er Christ war und an den dreieinigen Gott glaubte, er war viele Jahre und Jahrzehnte in östlichen, heißen, gefährlichen Ländern gewesen, war auf Booten

und in Ochsenkarren gereist, auf Pferden und Maul-
eseln, niemand wußte so wie er Bescheid darum, daß
unsre Stadt und unser Land nur ein sehr kleiner Teil
der Erde war, daß tausend Millionen Menschen anderen Glaubens waren als wir, andere Sitten, Sprachen,
Hautfarben, andre Götter, Tugenden und Laster hatten als wir. Ihn liebte, verehrte und fürchtete ich, von
ihm erwartete ich alles, ihm traute ich alles zu, von ihm
und von seinem verkleideten Gotte Pan im Gewand
des Götzen lernte ich unaufhörlich. Dieser Mann, der
Vater meiner Mutter, stak in einem Wald von Geheim-
nissen, wie sein Gesicht in einem weißen Bartwalde
stak; aus seinen Augen floß Welttrauer und floß heitere
Weisheit, je nachdem, einsames Wissen und göttliche
Schelmerei. Menschen aus vielen Ländern kannten, ver-
ehrten und besuchten ihn, sprachen mit ihm englisch,
französisch, indisch, italienisch, malaiisch, und reisten
nach langen Gesprächen wieder spurlos hinweg, vielleicht seine Freunde, vielleicht seine Gesandten, vielleicht seine Diener und Beauftragten. Von ihm, dem
Unergründlichen, wußte ich auch das Geheimnis her-
stammen, das meine Mutter umgab, das Geheime,
Uralte, und auch sie war lange in Indien gewesen, auch
sie sprach und sang Malajalam und Kanaresisch, wech-
selte mit dem greisen Vater Worte und Sprüche in
fremden, magischen Zungen. Und wie er, besaß auch
sie zuzeiten das Lächeln der Fremde, das verschleierte
Lächeln der Weisheit.

Anders war mein Vater. Er stand allein. Weder der Welt des Götzen und des Großvaters gehörte er an, noch dem Alltag der Stadt, abseits stand er, einsam, ein Leidender und Suchender, gelehrt und gütig, ohne Falsch und voll von Eifer im Dienst der Wahrheit, aber weit weg von jenem Lächeln, edel und zart, aber klar, ohne jenes Geheimnis. Nie verließ ihn die Güte, nie die Klugheit, aber niemals verschwand er in diese Zauberwolke des Großväterlichen, nie verlor sich sein Gesicht in diese Kindlichkeit und Göttlichkeit, dessen Spiel oft wie Trauer, oft wie feiner Spott, oft wie stumm in sich versunkene Göttermaske aussah. Mein Vater sprach mit der Mutter nicht in indischen Sprachen, sondern sprach englisch und ein reines, klares, schönes, leise baltisch gefärbtes Deutsch. Diese Sprache war es, mit der er mich anzog und gewann und unterrichtete, ihm strebte ich zuzeiten voll Bewunderung und Eifer nach, allzu eifrig, obwohl ich wußte, daß meine Wurzeln tiefer im Boden der Mutter wuchsen, im Dunkeläugigen und Geheimnisvollen. Meine Mutter war voll Musik, mein Vater nicht, er konnte nicht singen.

Neben mir wuchsen Schwestern und zwei ältere Brüder, große Brüder, beneidet und verehrt. Um uns her war die kleine Stadt, alt und bucklig, um sie her die waldigen Berge, streng und etwas finster, und mittendurch floß ein schöner Fluß, gekrümmt und zögernd, und dies alles liebte ich und nannte es Heimat, und im Walde und Fluß kannte ich Gewächs und Boden, Gestein und Höhlen, Vogel, Eichhorn, Fuchs und Fisch genau. Dies alles gehörte mir, war mein, war Heimat – aber außerdem war der Glasschrank und die Bibliothek da, und der gütige Spott im allwissenden Gesicht des Großvaters, und der dunkelwarme Blick der Mutter, und die Schildkröten und Götzen, die indischen Lieder und Sprüche, und diese Dinge sprachen mir von einer weiteren Welt, einer größeren Heimat, einer älteren Herkunft, einem größeren Zusammenhang. Und oben auf seinem hohen, drahtenen Gehäuse saß unser grauroter Papagei, alt und klug, mit gelehrtem Gesicht und scharfem Schnabel, sang und sprach und kam, auch er, aus dem Fernen, Unbekannten her, flötete Dschungelsprachen und roch nach Äquator. Viele Welten, viele Teile der Erde streckten Arme und Strahlen aus und trafen und kreuzten sich in unserem Hause. Und das Haus war groß und alt, mit vielen, zum Teil leeren Räumen, mit Kellern und großen hallenden Korridoren, die nach Stein und Kälte dufteten, und unendlichen Dachböden voll Holz und Obst und Zugwind und dunkler Leere. Viele Welten kreuzten ihre Strahlen in diesem Hause. Hier wurde gebetet und in der Bibel gelesen, hier wurde studiert und indische Philologie getrieben, hier wurde viel gute Musik gemacht, hier wußte man von Buddha und Laotse, Gäste kamen aus vielen Ländern, den Hauch von Fremde und Ausland an den Kleidern, mit absonderlichen Koffern aus Leder und aus Bastgeflecht und dem Klang fremder

Sprachen, Arme wurden hier gespeist und Feste gefeiert, Wissenschaft und Märchen wohnten nah beisammen. Es gab auch eine Großmutter, die wir etwas fürchteten und wenig kannten, weil sie kein Deutsch sprach und in einer französischen Bibel las. Vielfach und nicht überall verständlich war das Leben dieses Hauses, in vielen Farben spielte hier das Licht, reich und vielstimmig klang das Leben. Es war schön und gefiel mir, aber schöner noch war die Welt meiner Wunschgedanken, reicher noch spielten meine Wachträume. Wirklichkeit war niemals genug, Zauber tat not.

Magie war heimisch in unsrem Hause und in meinem Leben. Außer den Schränken des Großvaters gab es noch die meiner Mutter, voll asiatischer Gewebe, Kleider und Schleier, magisch war auch das Schielen des Götzen, voll Geheimnis der Geruch manch alter Kammern und Treppenwinkel. Und in mir innen entsprach vieles diesem Außen. Es gab Dinge und Zusammenhänge, die nur in mir selber und für mich allein vorhanden waren. Nichts war so geheimnisvoll, so wenig mitteilbar, so außerhalb des alltäglich Tatsächlichen wie sie, und doch war nichts wirklicher. Schon das launische Auftauchen und wieder Sichverbergen der Bilder und Geschichten in jenem großen Buche war so, und die Wandlungen im Gesicht der Dinge, wie ich sie zu jeder Stunde sich vollziehen sah. Wie anders sahen Haustür, Gartenhaus und Straße an einem Sonntagabend aus als an einem Montagmorgen! Welch völlig anderes Gesicht zeigten Wanduhr und Christusbild im Wohnzimmer an einem Tage, wo Großvaters Geist dort regierte, als wenn es der Geist des Vaters war, und wie sehr verwandelte sich alles aufs neue in den Stunden, wo überhaupt kein fremder Geist den Dingen ihre Signatur gab, sondern mein eigener, wo meine Seele mit den Dingen spielte und ihnen neue Namen und Bedeutungen gab! Da konnte ein wohlbekannter Stuhl oder Schemel, ein Schatten beim Ofen, der gedruckte Kopf einer Zeitung schön oder häßlich und böse werden, bedeutungsvoll oder banal, sehnsuchtweckend oder einschüchternd, lächerlich oder traurig. Wie wenig Festes, Stabiles, Bleibendes gab es doch! Wie lebte alles, erlitt Veränderung, sehnte sich nach Wandlung, lag auf der Lauer nach Auflösung und Neugeburt!

Von allen magischen Erscheinungen aber die wichtigste und herrlichste war »der kleine Mann«. Ich weiß nicht, wann ich ihn zum ersten Male sah, ich glaube, er war schon immer da, er kam mit mir zur Welt. Der kleine Mann war ein winziges, grau schattenhaftes Wesen, ein Männlein, Geist oder Kobold, Engel oder Dämon, der zuzeiten da war und vor mir herging, im Traum wie auch im Wachen, und dem ich folgen mußte, mehr als dem Vater, mehr als der Mutter, mehr als der Vernunft, ja oft mehr als der Furcht. Wenn der Kleine mir sichtbar wurde, gab es nur ihn, und wohin er ging oder was er tat, das mußte ich ihm nachtun: Bei

Gefahren zeigte er sich. Wenn mich ein böser Hund, ein erzürnter größerer Kamerad verfolgte und meine Lage heikel wurde, dann, im schwierigsten Augenblick, war das kleine Männlein da, lief vor mir, zeigte mir den Weg, brachte Rettung. Er zeigte mir die lose Latte im Gartenzaun, durch die ich im letzten bangen Augenblick den Ausweg gewann, er machte mir vor, was gerade zu tun war: sich fallen lassen, umkehren, davonlaufen, schreien, schweigen. Er nahm mir etwas, das ich essen wollte, aus der Hand, er führte mich an den Ort, wo ich verlorengegangene Besitztümer wiederfand. Es gab Zeiten, da sah ich ihn jeden Tag. Es gab Zeiten, da blieb er aus. Diese Zeiten waren nicht gut, dann war alles lau und unklar, nichts geschah, nichts ging vorwärts.

Einmal, auf dem Marktplatz, lief der kleine Mann vor mir her und ich ihm nach, und er lief auf den riesigen Marktbrunnen zu, in dessen mehr als mannstiefes Steinbecken die vier Wasserstrahlen sprangen, turnte an der Seitenwand empor bis zur Brüstung, und ich ihm nach, und als er von da mit einem hurtigen Schwung hinein ins tiefe Wasser sprang, sprang auch ich, es gab keine Wahl, und wäre ums Haar ertrunken. Ich ertrank aber nicht, sondern wurde herausgezogen, und zwar von einer jungen hübschen Nachbarsfrau, die ich bis dahin kaum gekannt hatte, und zu der ich nun in ein schönes Freundschafts- und Neckverhältnis kam, das mich lange Zeit beglückte.

Einmal hatte mein Vater mich für eine Missetat zur Rede zu stellen. Ich redete mich so halb und halb heraus, wieder einmal darunter leidend, daß es so schwer war, sich den Erwachsenen verständlich zu machen. Es gab einige Tränen und eine gelinde Strafe, und zum Schluß schenkte mir der Vater, damit ich die Stunde nicht vergesse, einen hübschen kleinen Taschenkalender. Etwas beschämt und von der Sache nicht befriedigt, ging ich weg und ging über die Flußbrücke, plötzlich lief der kleine Mann vor mir, er sprang auf das Brückengeländer und befahl mir durch seine Gebärde, das Geschenk meines Vaters wegzuwerfen, in den Fluß. Ich tat es sofort, Zweifel und Zögern gab es nicht, wenn der Kleine da war, die gab es nur, wenn er fehlte, wenn er ausblieb und mich im Stich ließ. Ich erinnere mich eines Tages, da ging ich mit meinen Eltern spazieren, und der kleine Mann erschien, er ging auf der linken Straßenseite, und ich ihm nach, und so oft mein Vater mich zu sich auf die andere Seite hinüberbefahl, der Kleine kam nicht mit, beharrlich ging er links, und ich mußte jedesmal sofort wieder zu ihm hinüber. Mein Vater ward der Sache müde und ließ mich schließlich gehen, wo ich mochte, er war gekränkt, und erst später, zu Hause, fragte er mich, warum ich denn durchaus habe ungehorsam sein und auf der andern Straßenseite gehen müssen.

In solchen Fällen kam ich sehr in Verlegenheit, ja richtig in Not, denn nichts war unmöglicher, als irgendeinem Menschen ein Wort vom kleinen Mann zu sagen. Nichts wäre verbotener, schlechter, todsündiger gewesen, als den kleinen Mann zu verraten, ihn zu nennen, von ihm zu sprechen. Nicht einmal an ihn denken, nicht einmal ihn rufen oder herbeiwünschen konnte ich. War er da, so war es gut, und man folgte ihm. War er nicht da, so war es, als sei er nie gewesen. Der kleine Mann hatte keinen Namen. Das Unmöglichste auf der Welt aber wäre es gewesen, dem kleinen Mann, wenn er einmal da war, nicht zu folgen. Wohin er ging, dahin ging ich ihm nach, auch ins Wasser, auch ins Feuer. Es war nicht so, daß er mir dies oder jenes befahl oder riet. Nein, er tat einfach dies oder das, und ich tat es nach. Etwas, was er tat, nicht nachzutun, war ebenso unmöglich, wie es meinem Schlagschatten unmöglich wäre, meine Bewegungen nicht mitzumachen. Vielleicht war ich nur der Schatten oder Spiegel des Kleinen, oder er der meine; vielleicht tat ich, was ich ihm nachzutun meinte, vor ihm, oder zugleich mit ihm. Nur war er nicht immer da, leider, und wenn er fehlte, so fehlte auch meinem Tun die Selbstverständlichkeit und Notwendigkeit, dann konnte alles auch anders sein, dann gab es für jeden Schritt die Möglichkeit des Tuns oder Lassens, des Zögerns, der Überlegung. Die guten, frohen und glücklichen Schritte meines damaligen Lebens sind aber alle ohne Überlegung geschehen. Das Reich der Freiheit ist auch das Reich der Täuschungen, vielleicht.

Wie hübsch war meine Freundschaft mit der lustigen Nachbarsfrau, die mich damals aus dem Brunnen gezogen hatte! Sie war lebhaft, jung und hübsch und dumm, von einer liebenswerten, fast genialen Dummheit. Sie ließ sich von mir Räuber- und Zauber-Geschichten erzählen, glaubte mir bald zu viel, bald zu wenig und hielt mich mindestens für einen der Weisen aus dem Morgenland, womit ich gern einverstanden war. Sie bewunderte mich sehr. Wenn ich ihr etwas Lustiges erzählte, lachte sie laut und inbrünstig, noch lange ehe sie den Witz begriffen hatte. Ich hielt ihr das vor, ich fragte sie: »Höre, Frau Anna, wie kannst du über einen Witz lachen, wenn du ihn noch gar nicht verstanden hast? Das ist sehr dumm, und es ist außerdem beleidigend für mich. Entweder verstehst du meine Witze und lachst, oder du kapierst sie nicht, dann brauchst du aber nicht zu lachen und zu tun, als hättest du verstanden.«

Sie lachte weiter. »Nein«, rief sie, »du bist schon der gescheiteste Junge, den ich je gesehen habe, großartig bist du. Du wirst ein Professor werden oder Minister oder ein Doktor. Das Lachen, weißt du, daran ist nichts übelzunehmen. Ich lache einfach, weil ich eine Freude an dir habe und weil du der spaßigste Mensch bist, den es gibt. Aber jetzt erkläre mir also deinen Witz!« Ich erklärte ihn umständlich, sie mußte noch dies und jenes fragen, schließlich begriff sie ihn wirklich, und wenn sie vorher herzlich und reichlich gelacht hatte, so lachte sie jetzt erst recht, lachte ganz toll und hinreißend, daß es auch mich ansteckte. Wie haben wir oft miteinander gelacht, wie hat sie mich verwöhnt und bewundert, wie war sie von mir entzückt! Es gab schwierige Sprechübungen, die ich ihr manchmal vorsagen mußte, ganz schnell dreimal hintereinander, zum Beispiel: »Wiener Wäscher waschen weiße Wiener Wäsche« oder die Geschichte vom Cottbuser Postkutschkasten. Auch sie mußte es probieren, ich bestand darauf, aber sie lachte schon vorher, keine drei Worte brachte sie richtig heraus, wollte es auch gar nicht, und jeder neue Satz verlief in neues Gelächter. Frau Anna ist der vergnügteste Mensch gewesen, den ich gekannt habe. Ich hielt sie, in meiner Knabenklugheit, für namenlos dumm, und am Ende war sie es auch, aber sie ist ein glücklicher Mensch gewesen, und ich neige manchmal dazu, glückliche Menschen für heimliche Weise zu halten, auch wenn sie dumm scheinen. Was ist dümmer und macht unglücklicher als Gescheitheit!

Jahre vergingen, und mein Verkehr mit Frau Anna war schon eingeschlafen, ich war schon ein großer Schulknabe und unterlag schon den Versuchungen, Leiden und Gefahren der Gescheitheit, da brauchte ich sie eines Tages wieder. Und wieder war es der kleine Mann, der mich zu ihr führte. Ich war seit einiger Zeit verzweifelt mit der Frage nach dem Unterschied der Geschlechter und der Entstehung der Kinder beschäftigt, die Frage wurde immer brennender und quälender, und eines Tages schmerzte und brannte sie so sehr, daß ich lieber gar nicht mehr leben wollte, als dies bange Rätsel ungelöst lassen. Wild und verbissen ging ich, von der Schule heimkehrend, über den Marktplatz, den Blick am Boden, unglücklich und finster, da war plötzlich der kleine Mann da! Er war ein seltner Gast geworden, er war mir seit langem untreu, oder ich ihm – nun sah ich ihn plötzlich wieder, klein und flink lief er am Boden vor mir her, nur einen Augenblick sichtbar, und lief ins Haus der Frau Anna hinein. Er war verschwunden, aber schon war ich ihm in dies Haus gefolgt, und schon wußte ich warum, und Frau Anna schrie auf, als ich unerwartet ihr ins Zimmer gelaufen kam, denn sie war eben beim Umkleiden, aber sie ward mich nicht los, und bald wußte ich fast alles, was zu wissen mir damals so bitter notwendig war. Es wäre eine Liebschaft daraus geworden, wenn ich nicht noch allzu jung dafür gewesen wäre.

Diese lustige dumme Frau unterschied sich von den meisten andern Erwachsenen dadurch, daß sie zwar dumm, aber natürlich und selbstverständlich war, immer gegenwärtig, nie verlogen, nie verlegen. Die meisten Erwachsenen waren anders. Es gab Ausnahmen, es gab die Mutter, Inbegriff des Lebendigen, rätselhaft Wirksamen, und den Vater, Inbegriff der Gerechtigkeit und Klugheit, und den Großvater, der kaum mehr ein Mensch war, den Verborgenen, Allseitigen, Lächelnden, Unausschöpflichen. Die allermeisten Erwachsenen aber, obwohl man sie verehren und fürchten mußte, waren sehr tönerne Götter. Wie waren sie komisch mit ihrer ungeschickten Schauspielerei, wenn sie mit Kindern redeten! Wie falsch klang ihr Ton, wie falsch war ihr Lächeln! Wie nahmen sie sich wichtig, sich und ihre Verrichtungen und Geschäfte, wie übertrieben ernst hielten sie, wenn man sie über die Gasse gehen sah, ihre Werkzeuge, ihre Mappen, ihre Bücher unter den Arm geklemmt, wie warteten sie darauf, erkannt, gegrüßt und verehrt zu werden! Manchmal kamen am Sonntag Leute zu meinen Eltern, um »Besuch zu machen«, Männer mit Zylinderhüten in ungeschickten Händen, die in steifen Glacéhandschuhen staken, wichtige, würdevolle, vor lauter Würde verlegene Männer, Anwälte und Amtsrichter, Pfarrer und Lehrer, Direktoren und Inspektoren, mit ihren etwas ängstlichen, etwas unterdrückten Frauen. Sie saßen steif auf den Stühlen, zu allem mußte man sie nötigen, bei allem ihnen behilflich sein, beim Ablegen, beim Eintreten, beim Niedersitzen, beim Fragen und Antworten, beim Fortgehen. Diese kleinbürgerliche Welt nicht so ernst zu nehmen, wie sie verlangte, war mir leichtgemacht, da meine Eltern ihr nicht angehörten und sie selber komisch fanden. Aber auch wenn sie nicht Theater spielten, Handschuhe trugen und Visiten machten, waren die meisten Erwachsenen mir reichlich seltsam und lächerlich. Wie taten sie wichtig mit ihrer Arbeit, mit ihren Handwerken und Ämtern, groß und heilig kamen sie sich vor!

Wenn ein Fuhrmann, Polizist oder Pflasterer die Straße versperrte, das war eine heilige Sache, da war es selbstverständlich, daß man auswich und Platz machte oder gar mithalf. Aber Kinder mit ihren Arbeiten und Spielen, die waren nicht wichtig, die wurden beiseite geschoben und angebrüllt. Taten sie denn weniger Richtiges, weniger Gutes, weniger Wichtiges als die Großen? O nein, im Gegenteil, aber die Großen waren eben mächtig, sie befahlen, sie regierten. Dabei hatten sie, genau wie die Kinder, ihre Spiele, sie spielten Feuerwehrübung, spielten Soldaten, sie gingen in Vereine und Wirtshäuser, aber alles mit jener Miene von Wichtigkeit und Gültigkeit, als müsse das alles so sein und als gäbe es nichts Schöneres und Heiligeres.

Gescheite Leute waren unter ihnen, zugegeben, auch unter den Lehrern. Aber war nicht das eine schon merkwürdig und verdächtig, daß unter allen diesen »großen« Leuten, welche doch alle vor einiger Zeit selbst Kinder gewesen waren, so sehr wenige sich fanden, die es nicht vollkommen vergessen und verlernt hatten, was ein Kind ist, wie es lebt, arbeitet, spielt, denkt, was ihm lieb und leid ist? Wenige, sehr wenige, die das noch wußten! Es gab nicht nur Tyrannen und Grobiane, die gegen Kinder böse und häßlich waren, sie überall wegjagten, sie scheel und haßvoll ansahen, ja manchmal anscheinend etwas wie Furcht vor ihnen hatten. Nein, auch die andern, die es gut meinten, die gern zuweilen zu einem Gespräch mit Kindern sich herabließen, auch sie wußten meistens nicht mehr, worauf es ankam, auch sie mußten fast alle sich mühsam und verlegen zu Kindern herunterschrauben, wenn sie sich mit uns einlassen wollten, aber nicht zu richtigen Kindern, sondern zu erfundenen, dummen Karikaturkindern.

Alle diese Erwachsenen, fast alle, lebten in einer andern Welt, atmeten eine andere Art von Luft als wir Kinder. Sie waren häufig nicht klüger als wir, sehr oft hatten sie nichts vor uns voraus als jene geheimnisvolle Macht. Sie waren stärker, ja, sie konnten uns, wenn wir nicht freiwillig gehorchten, zwingen und prügeln. War das aber eine echte Überlegenheit? War nicht jeder Ochs und Elefant viel stärker als so ein Erwachsener? Aber sie hatten die Macht, sie befahlen, ihre Welt und Mode galt als die richtige. Dennoch, und das war mir ganz besonders merkwürdig und einige Male beinah grauenhaft – dennoch gab es viele Erwachsene, die uns Kinder zu beneiden schienen. Manchmal konnten sie es ganz naiv und offen aussprechen und etwa mit einem Seufzer sagen: »Ja, ihr Kinder habt es noch gut!« Wenn das nicht gelogen war – und es war nicht gelogen, das spürte ich zuweilen bei solchen Aussprüchen –, dann waren also die Erwachsenen, die Mächtigen, die Würdigen und Befehlenden gar nicht glücklicher als wir, die wir gehorchen und ihnen Hochachtung erweisen mußten. In einem Musikalbum, aus dem ich lernte, stand auch richtig ein Lied mit dem erstaunlichen Kehrreim:

»O selig, o selig, ein Kind noch zu sein!« Dies war ein Geheimnis. Es gab etwas, was wir Kinder besaßen und was den Großen fehlte, sie waren nicht bloß größer und stärker, sie waren in irgendeinem Betracht auch ärmer als wir! Und sie, die wir oft um ihre lange Gestalt, ihre Würde, ihre anscheinende Freiheit und Selbstverständlichkeit, um ihre Bärte und langen Hosen beneideten, sie beneideten zuzeiten, sogar in Liedern, die sie sangen, uns Kleine!

Nun, einstweilen war ich trotz allem glücklich. Es gab vieles in der Welt, was ich gern anders gesehen hätte, und gar in der Schule; aber ich war dennoch glücklich. Es wurde mir zwar von vielen Seiten versichert und eingebleut, daß der Mensch nicht bloß zu seiner Lust auf Erden wandle und daß wahres Glück erst jenseits den Geprüften und Bewährten zuteil werde, es ging dies aus vielen Sprüchen und Versen hervor, die ich lernte und die mir oft sehr schön und rührend erschienen. Allein diese Dinge, welche auch meinem Vater viel zu schaffen machten, brannten mich nicht sehr, und wenn es mir einmal schlechtging, wenn ich krank war oder unerfüllte Wünsche hatte, oder Streit und Trotz mit den Eltern, dann flüchtete ich selten zu Gott, sondern hatte andere Schleichwege, die mich wieder ins Helle führten. Wenn die gewöhnlichen Spiele versagten, wenn Eisenbahn, Kaufladen und Märchenbuch verbraucht und langweilig waren, dann fielen mir oft gerade die schönsten neuen Spiele ein. Und wenn es nichts anderes war, als daß ich abends im Bett die Augen schloß und mich in den märchenhaften Anblick der vor mir erscheinenden Farbenkreise verlor – wie zuckte da Beglückung und Geheimnis aufs neue auf, wie ahnungsvoll und vielversprechend wurde die Welt!

Die ersten Schuljahre gingen hin, ohne mich sehr zu verändern. Ich machte die Erfahrung, daß Vertrauen und Aufrichtigkeit uns Schaden bringen kann, ich lernte unter einigen gleichgültigen Lehrern das Notwendigste im Lügen und Sichverstellen; von da an kam ich durch. Langsam aber welkte auch mir die erste Blüte hin, langsam lernte auch ich, ohne es zu ahnen, jenes falsche Lied des Lebens, jenes Sichbeugen unter die »Wirklichkeit«, unter die Gesetze der Erwachsenen, jene Anpassung an die Welt, »wie sie nun einmal ist«. Ich weiß seit langem, warum in den Liederbüchern der Erwachsenen solche Verse stehen wie der: »O selig, ein Kind noch zu sein«, und auch für mich gab es viele Stunden, in welchen ich die beneidete, die noch Kinder sind.

Als es sich, in meinem zwölften Jahre, darum handelte, ob ich Griechisch lernen solle, sagte ich ohne weiteres ja, denn mit der Zeit so gelehrt zu werden wie mein Vater, und womöglich wie mein Großvater, schien mir unerläßlich. Aber von diesem Tage an war ein Lebensplan für mich da; ich sollte studieren und entweder Pfarrer oder Philologe werden, denn dafür gab es Stipendien. Auch der Großvater war einst diesen Weg gegangen.

Scheinbar war dies ja nichts Schlimmes. Nur hatte ich jetzt auf einmal eine Zukunft, nur stand jetzt ein Wegweiser an meinem Wege, nur führte mich jetzt jeder Tag und Monat dem angeschriebenen Ziele näher, alles wies dorthin, alles führte weg, weg von der Spielerei und Gegenwärtigkeit meiner bisherigen Tage, die nicht ohne Sinn, aber ohne Ziel, ohne Zukunft gewesen waren. Das Leben der Erwachsenen hatte mich eingefangen, an einer Haarlocke erst oder an einem Finger, aber bald würde es mich ganz gefangen haben und festhalten, das Leben nach Zielen, nach Zahlen, das Leben der Ordnung und der Ämter, des Berufs und der Prüfungen; bald würde auch mir die Stunde schlagen, bald würde ich Student, Kandidat, Geistlicher, Professor sein, würde Besuche mit einem Zylinderhut machen, lederne Handschuhe tragen, die Kinder nicht mehr verstehen, sie vielleicht beneiden. Und ich wollte nicht fort aus meiner Welt, wo es gut und köstlich war. Ein ganz heimliches Ziel allerdings gab es für mich, wenn ich an die Zukunft dachte. Eines wünschte ich mir sehnlich, nämlich ein Zauberer zu werden.

Der Wunsch und Traum blieb mir lange treu. Aber er begann an Allmacht zu verlieren, er hatte Feinde, es stand ihm anderes entgegen. Wirkliches, Ernsthaftes, nicht zu Leugnendes. Langsam, langsam welkte die Blüte hin, langsam kam mir aus dem Unbegrenzten etwas Begrenztes entgegen, die wirkliche Welt, die Welt der Erwachsenen. Langsam wurde mein Wunsch, ein

Zauberer zu werden, obwohl ich ihn noch sehnlich weiterwünschte, vor mir selber wertloser, wurde vor mir selber zur Kinderei. Schon gab es etwas, worin ich nicht mehr Kind war. Schon war die unendliche, tausendfältige Welt des Möglichen mir begrenzt, in Felder geteilt, von Zäunen durchschnitten. Langsam verwandelte sich der Urwald meiner Tage, es erstarrte das Paradies um mich her. Ich blieb nicht, was ich war, Prinz und König im Lande des Möglichen, ich wurde nicht Zauberer, ich lernte Griechisch, in zwei Jahren würde Hebräisch hinzukommen, in sechs Jahren würde ich Student sein.

Unmerklich vollzog sich die Einschnürung, unmerklich verrauschte ringsum die Magie. Die wunderbare Geschichte im Großvaterbuch war noch immer schön, aber sie stand auf einer Seite, deren Zahl ich wußte, und da stand sie heute und morgen und zu jeder Stunde, es gab keine Wunder mehr. Gleichmütig lächelte der tanzende Gott aus Indien und war aus Bronze, selten sah ich ihn mehr an, nie mehr sah ich ihn schielen. Und – das Schlimmste – seltener und seltener sah ich den Grauen, den kleinen Mann. Überall war ich von Entzauberung umgeben, vieles wurde eng, was einst weit, vieles wurde ärmlich, was einst kostbar gewesen war.

Doch spürte ich das nur im Verborgenen, unter der Haut; noch war ich fröhlich und herrschsüchtig, lernte schwimmen und Schlittschuhlaufen, ich war der erste im Griechischen, alles ging scheinbar vortrefflich. Nur

hatte alles eine etwas blassere Farbe, einen etwas leere-
ren Klang, nur war es mir langweilig geworden, zu
Frau Anna zu gehen, nur ging ganz sachte aus allem,
was ich lebte, etwas verloren, etwas nicht Bemerktes,
nicht Vermißtes, das aber doch weg war und fehlte.
Und wenn ich jetzt einmal wieder mich selber ganz und
glühend fühlen wollte, dann bedurfte ich stärkerer Reize
dazu, mußte mich rütteln und einen Anlauf nehmen.
Ich gewann Geschmack an stark gewürzten Speisen, ich
naschte häufig, ich stahl zuweilen Groschen, um mir
irgendeine besondere Lust zu gönnen, weil es sonst nicht
lebendig und schön genug war. Auch begannen die
Mädchen mich anzuziehen; es war kurz nach der Zeit,
da der kleine Mann noch erschienen und mich noch
einmal zu Frau Anna geführt hatte.   (*1921/1923*)

Kinderseele

Manchmal handeln wir, gehen aus und ein, tun dies und das, und es ist alles leicht, unbeschwert und gleichsam unverbindlich, es könnte scheinbar alles auch anders sein. Und manchmal, zu anderen Stunden, könnte nichts anders sein, ist nichts unverbindlich und leicht, und jeder Atemzug, den wir tun, ist von Gewalten bestimmt und schwer von Schicksal.

Die Taten unseres Lebens, die wir die guten nennen und von denen zu erzählen uns leicht fällt, sind fast alle von jener ersten, »leichten« Art, und wir vergessen sie leicht. Andere Taten, von denen zu sprechen uns Mühe macht, vergessen wir nie mehr, sie sind gewissermaßen mehr unser als andere, und ihre Schatten fallen lang über alle Tage unseres Lebens.

Unser Vaterhaus, das groß und hell an einer hellen Straße lag, betrat man durch ein hohes Tor, und sogleich war man von Kühle, Dämmerung und steinern feuchter Luft umfangen. Eine hohe, düstere Halle nahm einen schweigsam auf, der Boden von roten Sandsteinfliesen führte leicht ansteigend gegen die Treppe, deren

Beginn zuhinterst tief im Halbdunkel lag. Viele tausend Male bin ich durch dies hohe Tor eingegangen, und niemals hatte ich acht auf Tor und Flur, Fliesen und Treppe: dennoch war es immer ein Übergang in eine andere Welt, in »unsere« Welt. Die Halle roch nach Stein, sie war finster und hoch, hinten führte die Treppe aus der dunklen Kühle empor und zu Licht und hellem Behagen. Immer aber war erst die Halle und die ernste Dämmerung da: etwas von Vater, etwas von Würde und Macht, etwas von Strafe und schlechtem Gewissen. Tausendmal ging man lachend hindurch. Manchmal aber trat man herein und war sogleich erdrückt und zerkleinert, hatte Angst, suchte rasch die befreiende Treppe.

Als ich elf Jahre alt war, kam ich eines Tages von der Schule her nach Hause, an einem von den Tagen, wo Schicksal in den Ecken lauert, wo leicht etwas passiert. An diesen Tagen scheint jede Unordnung und Störung der eigenen Seele sich in unserer Umwelt zu spiegeln und sie zu entstellen. Unbehagen und Angst beklemmen unser Herz, und wir suchen und finden ihre vermeintlichen Ursachen außer uns, sehen die Welt schlecht eingerichtet und stoßen überall auf Widerstände.

Ähnlich war es an jenem Tage. Von früh an bedrückte mich – wer weiß woher? vielleicht aus Träumen der Nacht – ein Gefühl wie schlechtes Gewissen, obwohl ich nichts Besonderes begangen hatte. Meines Vaters Gesicht hatte am Morgen einen leidenden und vorwurfsvollen Ausdruck gehabt, die Frühstücksmilch war lau und fad gewesen. In der Schule war ich zwar nicht in Nöte geraten, aber es hatte alles wieder einmal trostlos, tot und entmutigend geschmeckt und hatte sich vereinigt zu jenem mir schon bekannten Gefühl der Ohnmacht und Verzweiflung, das uns sagt, daß die Zeit endlos sei, daß wir ewig und ewig klein und machtlos und im Zwang dieser blöden, stinkenden Schule bleiben werden, Jahre und Jahre, und daß dies ganze Leben sinnlos und widerwärtig sei.

Auch über meinen derzeitigen Freund hatte ich mich heute geärgert. Ich hatte seit kurzem eine Freundschaft mit Oskar Weber, dem Sohn eines Lokomotivführers, ohne recht zu wissen, was mich zu ihm zog. Er hatte neulich damit geprahlt, daß sein Vater sieben Mark am Tage verdiene, und ich hatte aufs Geratewohl erwidert, der meine verdiene vierzehn. Daß er sich dadurch hatte imponieren lassen, ohne Einwände zu machen, war der Anfang der Sache gewesen. Einige Tage später hatte ich mit Weber einen Bund gegründet, indem wir eine gemeinsame Sparkasse anlegten, aus welcher später eine Pistole gekauft werden sollte. Die Pistole lag im Schaufenster eines Eisenhändlers, eine massive Waffe mit zwei bläulichen Stahlrohren. Und Weber hatte mir vorgerechnet, daß man nur eine Weile richtig zu sparen brauche, dann könne man sie kaufen. Geld gebe es ja immer, er bekomme sehr oft einen Zehner für Ausgänge, oder sonst ein Trinkgeld, und manchmal finde man Geld auf der Gasse, oder Sachen mit Geldeswert, wie Hufeisen, Bleistücke und anderes, was man gut verkaufen könne. Einen Zehner hatte er auch sofort für unsere Kasse hergegeben, und der hatte mich überzeugt und mir unseren ganzen Plan als möglich und hoffnungsvoll erscheinen lassen.

Indem ich an jenem Mittag unseren Hausflur betrat und mir in der kellerig kühlen Luft dunkle Mahnungen an tausend unbequeme und hassenswerte Dinge und Weltordnungen entgegenwehten, waren meine Gedanken mit Oskar Weber beschäftigt. Ich fühlte, daß ich ihn nicht liebte, obwohl sein gutmütiges Gesicht, das mich an eine Waschfrau erinnerte, mir sympathisch war. Was mich zu ihm hinzog, war nicht seine Person, sondern etwas anderes, ich könnte sagen, sein Stand – es war etwas, das er mit fast allen Buben von seiner Art und Herkunft teilte: eine gewisse freche Lebenskunst, ein dickes Fell gegen Gefahr und Demütigung, eine Vertrautheit mit den kleinen praktischen Angelegenheiten des Lebens, mit Geld, mit Kaufläden und Werkstätten, Waren und Preisen, mit Küche und Wäsche und dergleichen. Solche Knaben wie Weber, denen die Schläge in der Schule nicht weh zu tun schienen und die mit Knechten, Fuhrleuten und Fabrikmädchen verwandt und befreundet waren, die standen anders und gesicherter in der Welt als ich; sie waren gleichsam erwachsener, sie wußten, wieviel ihr Vater am Tag verdiene, und wußten ohne Zweifel auch sonst noch vieles, worin ich unerfahren war. Sie lachten über Ausdrücke und Witze, die ich nicht verstand. Sie konnten überhaupt auf eine Weise lachen, die mir versagt war, auf eine dreckige und rohe, aber unleugbar erwachsene und »männliche« Weise. Es half nichts, daß man klüger war als sie und in der Schule mehr wußte. Es half nichts, daß man besser als sie gekleidet, gekämmt und gewaschen war. Im Gegenteil, eben diese Unterschiede kamen ihnen zugute. In die »Welt«, wie sie mir in Dämmerschein und Abenteuerschein vorschwebte, schienen mir solche Knaben wie Weber ganz ohne Schwierigkeiten eingehen zu können, während mir die »Welt« so sehr verschlossen war und jedes ihrer Tore durch unendliches Älterwerden, Schulesitzen, durch Prüfungen und Erzogenwerden mühsam erobert werden mußte. Natürlich fanden solche Knaben auch Hufeisen, Geld und Stücke Blei auf der Straße, bekamen Lohn für Besorgungen, kriegten in Läden allerlei geschenkt und gediehen auf jede Weise.

Ich fühlte dunkel, daß meine Freundschaft zu Weber und seiner Sparkasse nichts war als wilde Sehnsucht nach jener »Welt«. An Weber war nichts für mich liebenswert als sein großes Geheimnis, kraft dessen er den Erwachsenen näher stand als ich, in einer schleierlosen, nackteren, robusteren Welt lebte als ich mit meinen Träumen und Wünschen. Und ich fühlte voraus, daß er mich enttäuschen würde, daß es mir nicht gelingen werde, ihm sein Geheimnis und den magischen Schlüssel zum Leben zu entreißen.

Eben hatte er mich verlassen, und ich wußte, er ging nun nach Hause, breit und behäbig, pfeifend und vergnügt, von keinen Ahnungen verdüstert. Wenn er die Dienstmägde und Fabrikler antraf und ihr rätselhaftes, vielleicht wunderbares, vielleicht verbrecherisches Leben führen sah, so war es ihm kein Rätsel und ungeheures Geheimnis, keine Gefahr, nichts Wildes und Spannendes, sondern selbstverständlich, bekannt und heimatlich wie der Ente das Wasser. So war es. Und ich hingegen, ich würde immer nebendraußen stehen, allein und unsicher, voll von Ahnungen, aber ohne Gewißheit.

Überhaupt, das Leben schmeckte an jenem Tage wieder einmal hoffnungsvoll fade, der Tag hatte etwas von einem Montag an sich, obwohl es ein Samstag war, er roch nach Montag, dreimal so lang und dreimal so öde als die anderen Tage. Verdammt und widerwärtig war dies Leben, verlogen und ekelhaft war es. Die Erwachsenen taten, als sei die Welt vollkommen und als seien sie selber Halbgötter, wir Knaben aber nichts als Auswurf und Abschaum. Diese Lehrer –! Man fühlte Streben und Ehrgeiz in sich, man nahm redliche und leidenschaftliche Anläufe zum Guten, sei es nun zum Lernen der griechischen Unregelmäßigen oder zum Reinhalten seiner Kleider, zum Gehorsam gegen die Eltern oder zum schweigenden, heldenhaften Ertragen aller Schmerzen und Demütigungen – ja, immer und immer wieder erhob man sich, glühend und fromm, um sich

Gott zu widmen und den idealen, reinen, edlen Pfad zur Höhe zu gehen, Tugend zu üben, Böses stillschweigend zu dulden, anderen zu helfen – ach, und immer und immer wieder blieb es ein Anlauf, ein Versuch und kurzer Flatterflug! Immer wieder passierte schon nach Tagen, o schon nach Stunden etwas, was nicht hätte sein dürfen, etwas Elendes, Betrübendes und Beschämendes. Immer wieder fiel man mitten aus den trotzigsten und adligsten Entschlüssen und Gelöbnissen plötzlich unentrinnbar in Sünde und Lumperei, in Alltag und Gewöhnlichkeiten zurück! Warum war es so, daß man die Schönheit und Richtigkeit guter Vorsätze so wohl und tief erkannte und im Herzen fühlte, wenn doch beständig und immerzu das ganze Leben (die Erwachsenen einbegriffen) nach Gewöhnlichkeit stank und überall darauf eingerichtet war, das Schäbige und Gemeine triumphieren zu lassen? Wie konnte es sein, daß man morgens im Bett auf den Knien oder nachts vor angezündeten Kerzen sich mit heiligem Schwur dem Guten und Lichten verbündete, Gott anrief und jedem Laster für immer Fehde ansagte – und daß man dann, vielleicht bloß ein paar Stunden später, an diesem selben heiligen Schwur und Vorsatz den elendsten Verrat üben konnte, sei es auch nur durch das Einstimmen in ein verführerisches Gelächter, durch das Gehör, das man einem dummen Schulbubenwitze lieh? Warum war das so? Ging es andern anders? Waren die Helden, die Römer und Griechen, die Ritter, die ersten Christen –

waren diese alle andere Menschen gewesen als ich, besser, vollkommener, ohne schlechte Triebe, ausgestattet mit irgendeinem Organ, das mir fehlte, das sie hinderte, immer wieder aus dem Himmel in den Alltag, aus dem Erhabenen ins Unzulängliche und Elende zurückzufallen? War die Erbsünde jenen Helden und Heiligen unbekannt? War das Heilige und Edle nur Wenigen, Seltenen, Auserwählten möglich? Aber warum war mir, wenn ich nun also kein Auserwählter war, dennoch dieser Trieb nach dem Schönen und Adligen eingeboren, diese wilde, schluchzende Sehnsucht nach Reinheit, Güte, Tugend? War das nicht zum Hohn? Gab es das in Gottes Welt, daß ein Mensch, ein Knabe, gleichzeitig alle hohen und alle bösen Triebe in sich hatte und leiden und verzweifeln mußte, nur so als eine unglückliche und komische Figur, zum Vergnügen des zuschauenden Gottes? Gab es das? Und war dann nicht – ja war dann nicht die ganze Welt ein Teufelsspott, gerade wert, sie anzuspucken?! War dann nicht Gott ein Scheusal, ein Wahnsinniger, ein dummer, widerlicher Hanswurst? – Ach, und während ich mit einem Beigeschmack von Empörerwollust diese Gedanken dachte, strafte mich schon mein banges Herz durch Zittern für die Blasphemie!

Wie deutlich sehe ich, nach dreißig Jahren, jenes Treppenhaus wieder vor mir, mit den hohen, blinden Fenstern, die gegen die nahe Nachbarmauer gingen und so wenig Licht gaben, mit den weißgescheuerten, tannenen Treppen und Zwischenböden und dem glatten, harthölzernen Geländer, das durch meine tausend sausenden Abfahrten poliert war! So fern mir die Kindheit steht, und so unbegreiflich und märchenhaft sie mir im ganzen erscheint, so ist mir doch alles genau erinnerlich, was schon damals, mitten im Glück, in mir an Leid und Zwiespalt vorhanden war. Alle diese Gefühle waren damals im Herzen des Kindes schon dieselben, wie sie es immer blieben: Zweifel am eigenen Wert, Schwanken zwischen Selbstschätzung und Mutlosigkeit, zwischen weltverachtender Idealität und gewöhnlicher Sinneslust – und wie damals, so sah ich auch hundertmal später noch in diesen Zügen meines Wesens bald verächtliche Krankheit, bald Auszeichnung, habe zu Zeiten den Glauben, daß mich Gott auf diesem qualvollen Wege zu besonderer Vereinsamung und Vertiefung führen wolle, und finde zu andern Zeiten wieder in alledem nichts als die Zeichen einer schäbigen Charakterschwäche, einer Neurose, wie Tausende sie mühsam durchs Leben schleppen.

Wenn ich alle die Gefühle und ihren qualvollen Widerstreit auf ein Grundgefühl zurückführen und mit einem einzigen Namen bezeichnen sollte, so wüsste ich kein anderes Wort als: Angst. Angst war es, Angst und Unsicherheit, was ich in allen jenen Stunden des gestörten Kinderglücks empfand: Angst vor Strafe, Angst vor dem eigenen Gewissen, Angst vor Regungen meiner Seele, die ich als verboten und verbrecherisch empfand.

Auch in jener Stunde, von der ich erzähle, kam dies Angstgefühl wieder über mich, als ich in dem heller und heller werdenden Treppenhause mich der Glastür näherte. Es begann mit einer Beklemmung im Unterleib, die bis zum Hals emporstieg und dort zum Würgen oder zu Übelkeit wurde. Zugleich damit empfand ich in diesen Momenten stets, und so auch jetzt, eine peinliche Geniertheit, ein Mißtrauen gegen jeden Beobachter, einen Drang zu Alleinsein und Sichverstecken.

Mit diesem üblen und verfluchten Gefühl, einem wahren Verbrechergefühl, kam ich in den Korridor und in das Wohnzimmer. Ich spürte: es ist heut der Teufel los, es wird etwas passieren. Ich spürte es, wie das Barometer einen veränderten Luftdruck spürt, mit rettungsloser Passivität. Ach, nun war es wieder da, dies Unsägliche! Der Dämon schlich durchs Haus, Erbsünde nagte am Herzen, riesig, und unsichtbar stand hinter jeder Wand ein Geist, ein Vater und Richter.

Noch wußte ich nichts, noch war alles bloß Ahnung, Vorgefühl, nagendes Unbehagen. In solchen Lagen war es oft das beste, wenn man krank wurde, sich erbrach und ins Bett legte. Dann ging es manchmal ohne Schaden vorüber, die Mutter oder Schwester kam, man bekam Tee und spürte sich von liebender Sorge umgeben, und man konnte weinen oder schlafen, um nachher gesund und froh in einer völlig verwandelten, erlösten und hellen Welt zu erwachen.

Meine Mutter war nicht im Wohnzimmer, und in der Küche war nur die Magd. Ich beschloß, zum Vater hinaufzugehen, zu dessen Studierzimmer eine schmale Treppe hinaufführte. Wenn ich auch Furcht vor ihm hatte, zuweilen war es doch gut, sich an ihn zu wenden, dem man so viel abzubitten hatte. Bei der Mutter war es einfacher und leichter, Trost zu finden; beim Vater aber war der Trost wertvoller, er bedeutete einen Frieden mit dem richtenden Gewissen, eine Versöhnung und ein neues Bündnis mit den guten Mächten. Nach schlimmen Auftritten, Untersuchungen, Geständnissen und Strafen war ich oft aus des Vaters Zimmer gut und rein hervorgegangen, bestraft und ermahnt zwar, aber voll neuer Vorsätze, durch die Bundesgenossenschaft des Mächtigen gestärkt gegen das feindliche Böse. Ich beschloß, den Vater aufzusuchen und ihm zu sagen, daß mir übel sei.

Und so stieg ich die kleine Treppe hinauf, die zum Studierzimmer führte. Diese kleine Treppe mit ihrem eigenen Tapetengeruch und dem trockenen Klang der hohlen, leichten Holzstufen war noch unendlich viel mehr als der Hausflur ein bedeutsamer Weg und ein Schicksalstor; über diese Stufen hatten viele wichtige Gänge mich geführt, Angst und Gewissensqual hatte ich hundertmal dort hinaufgeschleppt, Trotz und wilden Zorn, und nicht selten hatte ich Erlösung und neue Sicherheit zurückgebracht. Unten in unserer Wohnung waren Mutter und Kind zu Hause, dort wehte harmlose

Luft; hier oben wohnten Macht und Geist, hier waren Gericht und Tempel und das »Reich des Vaters«.

Etwas beklommen wie immer drückte ich die altmodische Klinke nieder und öffnete die Tür halb. Der väterliche Studierzimmergeruch floß mir wohlbekannt entgegen: Bücher- und Tintenduft, verdünnt durch blaue Luft aus halboffnen Fenstern, weiße, reine Vorhänge, ein verlorner Faden von Kölnisch-Wasser-Duft und auf dem Schreibtisch ein Apfel. – Aber die Stube war leer.

Mit einer Empfindung halb von Enttäuschung und halb von Aufatmen trat ich ein. Ich dämpfte meinen Schritt und trat nur mit Zehen auf, so wie wir hier oben manchmal gehen mußten, wenn der Vater schlief oder Kopfweh hatte. Und kaum war dies leise Gehen mir bewußt geworden, so bekam ich Herzklopfen und spürte verstärkt den angstvollen Druck im Unterleib und in der Kehle wieder. Ich ging schleichend und angstvoll weiter, einen Schritt und wieder einen Schritt, und schon war ich nicht mehr ein harmloser Besucher und Bittsteller, sondern ein Eindringling. Mehrmals schon hatte ich heimlich in des Vaters Abwesenheit mich in seine beiden Zimmer geschlichen, hatte sein geheimes Reich belauscht und erforscht und hatte zweimal auch etwas daraus entwendet.

Die Erinnerung daran war alsbald da und erfüllte mich, und ich wußte sofort: jetzt war das Unglück da, jetzt passierte etwas, jetzt tat ich Verbotenes und Böses. Kein Gedanke an Flucht! Vielmehr, ich dachte wohl daran, dachte sehnlich und inbrünstig daran, davonzulaufen, die Treppe hinab und in mein Stübchen oder in den Garten – aber ich wußte, ich werde das doch nicht tun, nicht tun können. Innig wünschte ich, mein Vater möchte sich im Nebenzimmer rühren und hereintreten und den ganzen grauenvollen Bann durchbrechen, der mich dämonisch zog und fesselte. O käme er doch! Käme er doch, scheltend meinetwegen, aber käme er nur, eh es zu spät ist!

Ich hustete, um meine Anwesenheit zu melden, und als keine Antwort kam, rief ich leise: »Papa!« Es blieb alles still, an den Wänden schwiegen die vielen Bücher, ein Fensterflügel bewegte sich im Wind und warf einen hastigen Sonnenspiegel über den Boden. Niemand erlöste mich, und in mir selber war keine Freiheit, anders zu tun, als der Dämon wollte. Verbrechergefühl zog mir den Magen zusammen und machte mir die Fingerspitzen kalt, mein Herz flatterte angstvoll. Noch wußte ich keineswegs, was ich tun würde. Ich wußte nur, es würde etwas Schlechtes sein. Nun war ich beim Schreibtisch, nahm ein Buch in die Hand und las einen englischen Titel, den ich nicht verstand.

Englisch haßte ich – das sprach der Vater stets mit der Mutter, wenn wir es nicht verstehen sollten und auch wenn sie Streit hatten. In einer Schale lagen allerlei kleine Sachen, Zahnstocher, Stahlfedern, Stecknadeln. Ich nahm zwei von den Stahlfedern und steckte sie in die Tasche, Gott weiß wozu, ich brauchte sie nicht und hatte keinen Mangel an Federn. Ich tat es nur, um dem Zwang zu folgen, der mich fast erstickt hätte, dem Zwang, Böses zu tun, mir selbst zu schaden, mich mit Schuld zu beladen. Ich blätterte in meines Vaters Papieren, sah einen angefangenen Brief liegen, ich las die Worte: »es geht uns und den Kindern, Gott sei Dank, recht gut«, und die lateinischen Buchstaben seiner Handschrift sahen mich an wie Augen.

Dann ging ich leise und schleichend in das Schlafzimmer hinüber. Da stand Vaters eisernes Feldbett, seine braunen Hausschuhe darunter, ein Taschentuch lag auf dem Nachttisch. Ich atmete die väterliche Luft in dem kühlen, hellen Zimmer ein, und das Bild des Vaters stieg deutlich vor mir auf, Ehrfurcht und Auflehnung stritten in meinem beladenen Herzen. Für Augenblicke haßte ich ihn und erinnerte mich seiner mit Bosheit und Schadenfreude, wie er zuweilen an Kopfwehtagen still und flach in seinem niederen Feldbett lag, sehr lang und gestreckt, ein nasses Tuch über der Stirn, manchmal seufzend. Ich ahnte wohl, daß auch er, der Gewaltige, kein leichtes Leben habe, daß ihm, dem Ehrwürdigen, Zweifel an sich selbst und Bangigkeit nicht unbekannt waren. Schon war mein seltsamer Haß verflogen, Mitleid und Rührung folgten ihm. Aber inzwischen hatte ich eine Schieblade der Kommode herausgezogen. Da lag Wäsche geschichtet und eine Flasche Kölnisches Wasser, das er liebte; ich wollte daran riechen, aber die Flasche war noch ungeöffnet und fest verstöpselt, ich legte sie wieder zurück. Daneben fand ich eine kleine runde Dose mit Mundpastillen, die nach Lakritzen schmeckten, von denen steckte ich einige in den Mund. Eine gewisse Enttäuschung und Ernüchterung kam über mich, und zugleich war ich doch froh, nicht mehr gefunden und genommen zu haben.

Schon im Ablassen und Verzichten zog ich noch spielend an einer andern Lade, mit etwas erleichtertem Gefühl und mit dem Vorsatz, nachher die zwei gestohlenen Stahlfedern drüben wieder an ihren Ort zu legen. Vielleicht waren Rückkehr und Reue möglich, Wiedergutmachung und Erlösung. Vielleicht war Gottes Hand über mir stärker als alle Versuchung …

Da sah ich mit schnellem Blick noch eilig in den Spalt der kaum aufgezogenen Lade. Ach, wären Strümpfe oder Hemden oder alte Zeitungen darin gewesen! Aber da war nun die Versuchung, und sekundenschnell kehrte der kaum gelockerte Krampf und Angstbann wieder, meine Hände zitterten, und mein Herz schlug rasend. Ich sah in einer aus Bast geflochtenen, indischen oder sonst exotischen Schale etwas liegen, etwas Überraschendes, Verlockendes, einen ganzen Kranz von weiß bezuckerten, getrockneten Feigen!

Ich nahm ihn in die Hand, er war wundervoll schwer. Dann zog ich zwei, drei Feigen heraus, steckte eine in den Mund, einige in die Tasche. Nun waren alle Angst und alles Abenteuer doch nicht umsonst gewesen. Keine Erlösung, keinen Trost konnte ich mehr von hier fortnehmen, so wollte ich wenigstens nicht leer ausgehen. Ich zog noch drei, vier Feigen von dem Ring, der davon kaum leichter wurde, und noch einige, und als meine Taschen gefüllt und von dem Kranz wohl mehr als die Hälfte verschwunden war, ordnete ich die übriggebliebenen Feigen auf dem etwas klebrigen Ring lockerer an, so daß weniger zu fehlen schienen. Dann stieß ich, in plötzlichem hellem Schrecken, die Lade heftig zu und rannte davon, durch beide Zimmer, die kleine Stiege hinab und in mein Stübchen, wo ich stehen blieb und mich auf mein kleines Stehpult stützte, in den Knien wankend und nach Atem ringend.

Bald darauf tönte unsre Tischglocke. Mit leerem Kopf und ganz von Ernüchterung und Ekel erfüllt, stopfte ich die Feigen in mein Bücherbrett, verbarg sie hinter Büchern und ging zu Tisch. Vor der Eßzimmertür merkte ich, daß meine Hände klebten. Ich wusch sie in der Küche. Im Eßzimmer fand ich alle schon am Tische warten. Ich sagte schnell Gutentag, der Vater sprach das Tischgebet, und ich beugte mich über meine Suppe. Ich hatte keinen Hunger, jeder Schluck machte mir Mühe. Und neben mir saßen meine Schwestern, die Eltern gegenüber, alle hell und munter und in Ehren, nur ich Verbrecher elend dazwischen, allein und unwürdig, mich fürchtend vor jedem freundlichen Blick, den Geschmack der Feigen noch im Mund. Hatte ich oben die Schlafzimmertür auch zugemacht? Und die Schublade?

Nun war das Elend da. Ich hätte mir die Hand ab-
hauen lassen, wenn dafür meine Feigen wieder oben in
der Kommode gelegen hätten. Ich beschloß, sie fortzu-
werfen, sie mit in die Schule zu nehmen und zu verschen-
ken. Nur daß sie wegkämen, daß ich sie nie wieder
sehen müsste!

»Du siehst heut schlecht aus«, sagte mein Vater über
den Tisch weg. Ich sah auf meinen Teller und fühlte
seine Blicke auf meinem Gesicht. Nun würde er es
merken. Er merkte ja alles, immer. Warum quälte er
mich vorher noch? Mochte er mich lieber gleich abfüh-
ren und meinetwegen totschlagen.

»Fehlt dir etwas?« hörte ich seine Stimme wieder.
Ich log, ich sagte, ich habe Kopfweh.

»Du mußt dich nach Tisch ein wenig hinlegen«, sagte
er. »Wieviel Stunden habt ihr heute nachmittag?«

»Bloß Turnen.«

»Nun, turnen wird dir nicht schaden. Aber iß auch,
zwinge dich ein bißchen! Es wird schon vergehen.«

Ich schielte hinüber. Die Mutter sagte nichts, aber
ich wußte, daß sie mich anschaute. Ich aß meine Suppe
hinunter, kämpfte mit Fleisch und Gemüse, schenkte
mir zweimal Wasser ein. Es geschah nichts weiter. Man
ließ mich in Ruhe. Als zum Schluß mein Vater das
Dankgebet sprach: »Herr, wir danken dir, denn du bist
freundlich, und deine Güte währet ewiglich«, da trennte
wieder ein ätzender Schnitt mich von den hellen, heiligen, vertrauensvollen Worten und von allen, die am

Tische saßen: mein Händefalten war Lüge, und meine andächtige Haltung war Lästerung.

Als ich aufstand, strich mir die Mutter übers Haar und ließ ihre Hand einen Augenblick auf meiner Stirn liegen, ob sie heiß sei. Wie bitter war das alles!

In meinem Stübchen stand ich dann vor dem Bücherbrett. Der Morgen hatte nicht gelogen, alle Anzeichen hatten recht gehabt. Es war ein Unglückstag geworden, der schlimmste, den ich je erlebt hatte. Schlimmeres konnte kein Mensch ertragen. Wenn noch Schlimmeres über einen kam, dann mußte man sich das Leben nehmen. Man müsste Gift haben, das war das beste, oder sich erhängen. Es war überhaupt besser, tot zu sein, als zu leben. Es war ja alles so falsch und häßlich. Ich stand und sann und griff zerstreut nach den verborgenen Feigen und aß davon, eine und mehrere, ohne es recht zu wissen.

Unsre Sparkasse fiel mir in die Augen, sie stand im Bord unter den Büchern. Es war eine Zigarrenkiste, die ich fest zugenagelt hatte; in den Deckel hatte ich mit einem Taschenmesser einen ungefügen Schlitz für die Geldstücke geschnitten. Er war schlecht und roh geschnitten, der Schlitz, Holzsplitter standen heraus. Auch das konnte ich nicht richtig. Ich hatte Kameraden, die konnten so etwas mühsam und geduldig und tadellos machen, daß es aussah wie vom Schreiner gehobelt. Ich aber pfuschte immer nur, hatte es eilig und machte nichts sauber fertig. So war es mit meinen Holzarbeiten, so mit meiner Handschrift und meinen Zeichnungen, so war es mit meiner Schmetterlingssammlung und mit allem. Es war nichts mit mir. Und nun stand ich da und hatte wieder gestohlen, schlimmer als je. Auch die Stahlfedern hatte ich noch in der Tasche. Wozu? Warum hatte ich sie genommen – nehmen *müssen*? Warum mußte man, was man gar nicht wollte?

In der Zigarrenkiste klapperte ein einziges Geldstück, der Zehner von Oskar Weber. Seither war nichts dazugekommen. Auch diese Sparkassengeschichte war so eine meiner Unternehmungen! Alles taugte nichts, alles mißriet und blieb im Anfang stecken, was ich begann! Mochte der Teufel diese unsinnige Sparkasse holen! Ich mochte nichts mehr von ihr wissen.

Diese Zeit zwischen Mittagessen und Schulbeginn war an solchen Tagen wie heute immer mißlich und schwer herumzubringen. An guten Tagen, an friedlichen, vernünftigen liebenswerten Tagen, war es eine schöne und erwünschte Stunde; ich las dann entweder in meinem Zimmer an einem Indianerbuch oder lief sofort nach Tisch wieder auf den Schulplatz, wo ich immer einige unternehmungslustige Kameraden traf, und dann spielten wir, schrien und rannten und erhitzten uns, bis der Glockenschlag uns in die völlig vergessene »Wirklichkeit« zurückrief. Aber an Tagen wie heute – mit wem wollte man da spielen und wie die Teufel in der Brust betäuben? Ich sah es kommen – noch nicht heute, aber ein nächstes Mal, vielleicht bald.

Da würde mein Schicksal vollends zum Ausbruch kommen. Es fehlte ja nur noch eine Kleinigkeit, eine winzige Kleinigkeit mehr an Angst und Leid und Ratlosigkeit, dann lief es über, dann mußte es ein Ende mit Schrecken nehmen. Eines Tages, an gerade so einem Tag wie heute, würde ich vollends im Bösen untersinken, ich würde in Trotz und Wut und wegen der sinnlosen Unerträglichkeit dieses Lebens etwas Gräßliches und Entscheidendes tun, etwas Gräßliches, aber Befreiendes, das der Angst und Quälerei ein Ende machte, für immer. Ungewiß war, was es sein würde; aber Phantasien und vorläufige Zwangsvorstellungen davon waren mir schon mehrmals verwirrend durch den Kopf gegangen, Vorstellungen von Verbrechen, mit denen ich an der Welt Rache nehmen und zugleich mich selbst preisgeben und vernichten würde. Manchmal war es mir so, als würde ich unser Haus anzünden: ungeheure Flammen schlugen mit Flügeln durch die Nacht, Häuser und Gassen wurden vom Brand ergriffen, die ganze Stadt loderte riesig gegen den schwarzen Himmel. Oder zu anderen Zeiten war das Verbrechen meiner Träume eine Rache an meinem Vater, ein Mord und grausiger Totschlag. Ich aber würde mich dann benehmen wie jener Verbrecher, jener einzige, richtige Verbrecher, den ich einmal hatte durch die Gassen unsrer Stadt führen sehen. Es war ein Einbrecher, den man gefangen hatte und in das Amtsgericht führte, mit Handschellen gefesselt, einen steifen Melonenhut schief auf dem Kopf, vor ihm und hinter ihm ein Landjäger. Dieser Mann, der durch die Straßen und durch einen riesigen Volksauflauf von Neugierigen getrieben wurde, an tausend Flüchen, boshaften Witzen und herausgeschrienen bösen Wünschen vorbei, dieser Mann hatte in nichts jenen armen, scheuen Teufeln geglichen, die man zuweilen vom Polizeidiener über die Straße begleitet sah und welche meistens bloß arme Handwerksburschen waren, die gebettelt hatten. Nein, dieser war kein Handwerksbursche und sah nicht windig, scheu und weinerlich aus, oder flüchtete in ein verlegen-dummes Grinsen, wie ich es auch schon gesehen hatte – dieser war ein echter Verbrecher und trug den etwas zerbeulten Hut kühn auf einem trotzigen und ungebeugten Schädel, er war bleich und lächelte still verachtungsvoll, und das Volk, das ihn beschimpfte und anspie, wurde neben ihm zu Pack und Pöbel. Ich hatte damals selbst mitgeschrien: »Man hat ihn, der gehört gehängt!«; aber dann sah ich seinen aufrechten, stolzen Gang, wie er die gefesselten Hände vor sich trug, und wie er auf dem zähen, bösen Kopf den Melonenhut kühn wie eine phantastische Krone trug – und wie er lächelte! und da schwieg ich. So wie dieser Verbrecher aber würde auch ich lächeln und den Kopf steif halten, wenn man mich ins Gericht und auf das Schafott führte, und wenn die vielen Leute um mich her drängten und hohnvoll aufschrien – ich würde nicht ja und nicht nein sagen, einfach schweigen und verachten.

Und wenn ich hingerichtet und tot war und im Himmel vor den ewigen Richter kam, dann wollte ich mich keineswegs beugen und unterwerfen. O nein und wenn alle Engelscharen ihn umstanden und alle Heiligkeit und Würde aus ihm strahlte! Mochte er mich verdammen, mochte er mich in Pech sieden lassen! Ich wollte mich nicht entschuldigen, mich nicht demütigen, ihn nicht um Verzeihung bitten, nichts bereuen! Wenn er mich fragte: »Hast du das und das getan?«, so würde ich rufen: »Jawohl habe ich's getan, und noch mehr, und es war recht, daß ich's getan habe, und wenn ich kann, werde ich es wieder und wieder tun. Ich habe totgeschlagen, ich habe Häuser angezündet, weil es mir Spaß machte, und weil ich dich verhöhnen und ärgern wollte. Ja, denn ich hasse dich, ich spucke dir vor die Füße, Gott. Du hast mich gequält und geschunden, du hast Gesetze gegeben, die niemand halten kann, du hast die Erwachsenen angestiftet, uns Jungen das Leben zu versauen.«

Wenn es mir glückte, mir dies vollkommen deutlich vorzustellen und fest daran zu glauben, daß es mir gelingen würde, genau so zu tun und zu reden, dann war mir für Augenblicke finster wohl. Sofort aber kehrten die Zweifel wieder. Würde ich nicht schwach werden, würde mich einschüchtern lassen, würde doch nachgeben? Oder, wenn ich auch alles tat, wie es mein trotziger Wille war – würde nicht Gott einen Ausweg finden, eine Überlegenheit, einen Schwindel, so wie es den Erwachsenen und Mächtigen ja immer gelang, am Ende noch mit einem Trumpf zu kommen, einen schließlich doch noch zu beschämen, einen nicht für voll zu nehmen, einen unter der verfluchten Maske des Wohlwollens zu demütigen? Ach, natürlich würde es so enden.

Hin und her gingen meine Phantasien, ließen bald mich, bald Gott gewinnen, hoben mich zum unbeugsamen Verbrecher und zogen mich wieder zum Kind und Schwächling herab.

Ich stand am Fenster und schaute auf den kleinen Hinterhof des Nachbarhauses hinunter, wo Gerüststangen an der Mauer lehnten und in einem kleinen winzigen Garten ein paar Gemüsebeete grünten. Plötzlich hörte ich durch die Nachmittagsstille Glockenschläge hallen, fest und nüchtern in meine Visionen hinein, einen klaren, strengen Stundenschlag, und noch einen. Es war zwei Uhr, und ich schreckte aus den Traumängsten in die der Wirklichkeit zurück. Nun begann unsre Turnstunde, und wenn ich auch auf Zauberflügeln fort und in die Turnhalle gestürzt wäre, ich wäre doch schon zu spät gekommen. Wieder Pech! Das gab übermorgen Aufruf, Schimpfworte und Strafe. Lieber ging ich gar nicht mehr hin, es war doch nichts mehr gutzumachen. Vielleicht mit einer sehr guten, sehr feinen und glaubhaften Entschuldigung – aber es wäre mir in diesem Augenblick keine eingefallen, so glänzend mich auch unsre Lehrer zum Lügen erzogen hatten; ich war jetzt nicht imstande, zu lügen, zu erfinden, zu konstruieren. Besser war es, vollends ganz aus der Stunde wegzubleiben. Was lag daran, ob jetzt zum großen Unglück noch ein kleines kam!

Aber der Stundenschlag hatte mich geweckt und meine Phantasiespiele gelähmt. Ich war plötzlich sehr schwach, überwirklich sah mein Zimmer mich an, Pult, Bilder, Bett, Bücherschaft, alles geladen mit strenger Wirklichkeit, alles Zurufe aus der Welt, in der man leben mußte, und die mir heut wieder einmal so feindlich und gefährlich geworden war. Wie denn? Hatte ich nicht die Turnstunde versäumt? Und hatte ich nicht gestohlen, jämmerlich gestohlen, und hatte die verdammten Feigen im Bücherbrett liegen, soweit sie nicht schon aufgegessen waren? Was gingen mich jetzt der Verbrecher, der liebe Gott und das jüngste Gericht an! Das würde alles dann schon kommen, zu seiner Zeit – aber jetzt, jetzt im Augenblick konnte das Verbrechen entdeckt werden. Vielleicht war es schon soweit, vielleicht hatte mein Vater droben schon jene Schublade gezogen und stand vor meiner Schandtat, beleidigt und erzürnt, und überlegte sich, auf welche Art mir der Prozeß zu machen sei. Ach, er war möglicherweise schon unterwegs zu mir, und wenn ich nicht sofort entfloh, hatte ich in der nächsten Minute schon sein ernstes Gesicht mit der Brille vor mir. Denn er wußte natürlich sofort, daß ich der Dieb war. Es gab keine Verbrecher in unserm Haus außer mir, meine Schwestern taten nie so etwas, Gott weiß warum. Aber wozu brauchte mein

Vater da in seiner Kommode solche Feigenkränze verborgen zu haben?

Ich hatte mein Stübchen schon verlassen und mich durch die hintere Haustür und den Garten davongemacht. Die Gärten und Wiesen lagen in heller Sonne, Zitronenfalter flogen über den Weg. Alles sah jetzt schlimm und drohend aus, viel schlimmer als heut morgen. Oh, ich kannte das schon, und doch meinte ich, es nie so qualvoll gespürt zu haben: wie da alles in seiner Selbstverständlichkeit und mit seiner Gewissensruhe mich ansah, Stadt und Kirchturm, Wiesen und Weg, Grasblüten und Schmetterlinge, und wie alles Hübsche und Fröhliche, was man sonst mit Freuden sah, nun fremd und verzaubert war! Ich kannte das, ich wußte, wie es schmeckt, wenn man in Gewissensangst durch die gewohnte Gegend läuft! Jetzt konnte der seltenste Schmetterling über die Wiese fliegen und sich vor meinen Füßen hinsetzen – es war nichts, es freute nicht, reizte nicht, tröstete nicht. Jetzt konnte der herrlichste Kirschbaum mir seinen vollsten Ast herbieten – es hatte keinen Wert, es war kein Glück dabei. Jetzt gab es nichts als fliehen, vor dem Vater, vor der Strafe, vor mir selber, vor meinem Gewissen, fliehen und rastlos sein, bis dennoch unerbittlich und unentrinnbar alles kam, was kommen mußte.

Ich lief und war rastlos, ich lief bergan und hoch bis zum Wald, und vom Eichenberg nach der Hofmühle hinab, über den Steg und jenseits wieder bergauf und durch Wälder hinan. Hier hatten wir unser letztes Indianerlager gehabt. Hier hatte letztes Jahr, als der Vater auf Reisen war, unsre Mutter mit uns Kindern Ostern gefeiert und im Wald und Moos die Eier für uns versteckt. Hier hatte ich einst mit meinen Vettern in den Ferien eine Burg gebaut, sie stand noch halb. Überall Reste von einstmals, überall Spiegel, aus denen mir ein andrer entgegensah, als der ich heute war! War ich das alles gewesen? So lustig, so zufrieden, so dankbar, so kameradschaftlich, so zärtlich mit der Mutter, so ohne Angst, so unbegreiflich glücklich? War das ich gewesen? Und wie hatte ich so werden können, wie ich jetzt war, so anders, so ganz anders, so böse, so voll Angst, so zerstört? Alles war noch wie immer, Wald und Fluß, Farnkräuter und Blumen, Burg und Ameisenhaufen, und doch alles wie vergiftet und verwüstet. Gab es denn gar keinen Weg zurück, dorthin, wo das Glück und die Unschuld waren? Konnte es nie mehr werden, wie es gewesen war? Würde ich jemals wieder so lachen, so mit den Schwestern spielen, so nach Ostereiern suchen?

Ich lief und lief, den Schweiß auf der Stirn, und hinter mir lief meine Schuld und lief groß und ungeheuer der Schatten meines Vaters als Verfolger mit.

An mir vorbei liefen Alleen, sanken Waldränder hinab. Auf einer Höhe machte ich halt, abseits vom Weg, ins Gras geworfen, mit Herzklopfen, das vom Bergaufwärtsrennen kommen konnte, das vielleicht bald besser wurde. Unten sah ich Stadt und Fluß, sah die Turnhalle, wo jetzt die Stunde zu Ende war und die Buben auseinanderliefen, sah das lange Dach meines Vaterhauses. Dort war meines Vaters Schlafzimmer und die Schublade, in der die Feigen fehlten. Dort war mein kleines Zimmer. Dort würde, wenn ich zurückkam, das Gericht mich treffen. – Aber wenn ich nicht zurückkam?

Ich wußte, daß ich zurückkommen würde. Man kam immer zurück, jedesmal. Es endete immer so. Man konnte nicht fort, man konnte nicht nach Afrika fliehen oder nach Berlin. Man war klein; man hatte kein Geld, niemand half einem. Ja, wenn alle Kinder sich zusammentäten und einander hülfen! Sie waren viele, es gab mehr Kinder als Eltern. Aber nicht alle Kinder waren Diebe und Verbrecher. Wenige waren so wie ich. Vielleicht war ich der einzige. Aber nein, ich wußte, es kamen öfters solche Sachen vor wie meine – ein Onkel von mir hatte als Kind auch gestohlen und viele Sachen angestellt, das hatte ich irgendwann einmal erlauscht, heimlich aus einem Gespräch der Eltern, heimlich, wie man alles Wissenswerte erlauschen mußte. Doch das alles half mir nicht, und wenn jener Onkel selber da wäre, er würde mir auch nicht helfen! Er war jetzt längst groß und erwachsen, er war Pastor, und er würde zu den Erwachsenen halten und mich im Stich lassen. So waren sie alle. Gegen uns Kinder waren sie alle falsch und verlogen, spielten eine Rolle, gaben sich anders als sie waren. Die Mutter vielleicht nicht, oder weniger.

Ja, wenn ich nun nicht mehr heimkehren würde? Es könnte ja etwas passieren, ich konnte mir den Hals brechen oder ertrinken oder unter die Eisenbahn kommen. Dann sah alles anders aus. Dann brachte man mich nach Hause, und alles war still und erschrocken und weinte, und ich tat allen leid, und von den Feigen war nicht mehr die Rede. Ich wußte sehr gut, daß man sich selber das Leben nehmen konnte. Ich dachte auch, daß ich das wohl einmal tun würde, später, wenn es einmal ganz schlimm kam. Gut wäre es gewesen, krank zu werden, aber nicht bloß so mit Husten, sondern richtig todkrank, so wie damals, als ich Scharlachfieber hatte.

Inzwischen war die Turnstunde längst vorüber, und auch die Zeit war vorüber, wo man mich zu Hause zum Kaffee erwartete. Vielleicht riefen und suchten sie jetzt nach mir in meinem Zimmer, im Garten und Hof, auf dem Estrich. Wenn aber der Vater meinen Diebstahl schon entdeckt hatte, dann wurde nicht gesucht, dann wußte er Bescheid.

Es war mir nicht möglich, länger liegenzubleiben. Das Schicksal vergaß mich nicht, es war hinter mir her. Ich nahm das Laufen wieder auf. Ich kam an einer Bank in den Anlagen vorüber, an der hing wieder eine Erinnerung, wieder eine, die einst schön und lieb gewesen war und jetzt wie Feuer brannte. Mein Vater hatte mir ein Taschenmesser geschenkt, wir waren zusammen spazierengegangen, froh und in gutem Frieden, und er hatte sich auf diese Bank gesetzt, während ich im Gebüsch mir eine lange Haselrute schneiden wollte. Und da brach ich im Eifer das neue Messer ab, die Klinge dicht am Heft, und kam entsetzt zurück, wollte es erst verheimlichen, wurde aber gleich danach gefragt. Ich war sehr unglücklich, wegen des Messers und weil ich Scheltworte erwartete. Aber da hatte mein Vater nur gelächelt, mir leicht die Schulter berührt und gesagt: »Wie schade, du armer Kerl!« Wie hatte ich ihn da geliebt, wieviel ihm innerlich abgebeten! Und jetzt, wenn ich an das damalige Gesicht meines Vaters dachte, an seine Stimme, an sein Mitleid – was war ich für ein Ungeheuer, daß ich diesen Vater so oft betrübt, belogen und heut bestohlen hatte!

Als ich wieder in die Stadt kam, bei der oberen Brücke und weit von unserm Hause, hatte die Dämmerung schon begonnen. Aus einem Kaufladen, hinter dessen Glastür schon Licht brannte, kam ein Knabe gelaufen, der blieb plötzlich stehen und rief mich mit Namen an. Es war Oskar Weber. Niemand konnte mir ungelegener kommen. Immerhin erfuhr ich von ihm, daß der Lehrer mein Fehlen in der Turnstunde nicht bemerkt habe. Aber wo ich denn gewesen sei?

»Ach nirgends«, sagte ich, »ich war nicht recht wohl.«

Ich war schweigsam und zurückweisend, und nach einer Weile, die ich empörend lang fand, merkte er, daß er mir lästig sei. Jetzt wurde er böse.

»Laß mich in Ruhe«, sagte ich kalt, »ich kann allein heimgehen.«

»So?« rief er jetzt. »Ich kann geradesogut allein gehen wie du, dummer Fratz! Ich bin nicht dein Pudel, daß du's weißt. Aber vorher möchte ich doch wissen, wie das jetzt eigentlich mit unserer Sparkasse ist! Ich habe einen Zehner hineingetan und du nichts.«

»Deinen Zehner kannst du wiederhaben, heut noch, wenn du Angst um ihn hast. Wenn ich dich nur nimmer sehen muß. Als ob ich von dir etwas annehmen würde!«

»Du hast ihn neulich gern genommen«, meinte er höhnisch, aber nicht, ohne einen Türspalt zur Versöhnung offen zu lassen.

Aber ich war heiß und böse geworden, alle in mir angehäufte Angst und Ratlosigkeit brach in hellen Zorn aus. Weber hatte mir nichts zu sagen! Gegen ihn war ich im Recht, gegen ihn hatte ich ein gutes Gewissen. Und ich brauchte jemand, gegen den ich mich fühlen, gegen den ich stolz und im Recht sein konnte. Alles Ungeordnete und Finstere in mir strömte wild in diesen Ausweg. Ich tat, was ich sonst so sorgfältig vermied, ich kehrte den Herrensohn heraus, ich deutete an, daß es für mich keine Entbehrung sei, auf die Freundschaft mit einem Gassenbuben zu verzichten. Ich sagte ihm, daß für ihn jetzt das Beerenessen in unserm Garten und das Spielen mit meinen Spielsachen ein Ende habe. Ich fühlte mich aufglühen und aufleben: Ich hatte einen

Feind, einen Gegner, einen, der schuld war, den man packen konnte. Alle Lebenstriebe sammelten sich in diese erlösende, willkommene, befreiende Wut, in die grimmige Freude am Feind, der diesmal nicht in mir selbst wohnte, der mir gegenüberstand, mich mit erschreckten, dann mit bösen Augen anglotzte, dessen Stimme ich hörte, dessen Vorwürfe ich verachten, dessen Schimpfworte ich übertrumpfen konnte.

Im anschwellenden Wortwechsel, dicht nebeneinander, trieben wir die dunkelnde Gasse hinab; da und dort sah man uns aus einer Haustüre nach. Und alles, was ich gegen mich selber an Wut und Verachtung empfand, kehrte sich gegen den unseligen Weber. Als er damit zu drohen begann, er werde mich dem Turnlehrer anzeigen, war es Wollust für mich: er setzte sich ins Unrecht, er wurde gemein, er stärkte mich.

Als wir in der Nähe der Metzgergasse handgemein wurden, blieben gleich ein paar Leute stehen und sahen unserm Handel zu. Wir hieben einander in den Bauch und ins Gesicht und traten mit den Schuhen gegeneinander. Nun hatte ich für Augenblicke alles vergessen, ich war im Recht, war kein Verbrecher, Kampfrausch beglückte mich, und wenn Weber auch stärker war als ich, so war ich flinker, klüger, rascher, feuriger. Wir wurden heiß und schlugen uns wütend. Als er mir mit einem verzweifelten Griff den Hemdkragen aufriß, fühlte ich mit Inbrunst den Strom kalter Luft über meine glühende Haut laufen.

Und im Hauen, Reißen und Treten, Ringen und Würgen hörten wir nicht auf, uns weiter mit Worten anzufeinden, zu beleidigen und zu vernichten, mit Worten, die immer glühender, immer törichter und böser, immer dichterischer und phantastischer wurden. Und auch darin war ich ihm über, war böser, dichterischer, erfinderischer. Sagte er Hund, so sagte ich Sauhund. Rief er Schuft, so schrie ich Satan. Wir bluteten beide, ohne etwas zu fühlen, und dabei häuften unsre Worte böse Zauber und Wünsche, wir empfahlen einander dem Galgen, wünschten uns Messer, um sie einander in die Rippen zu jagen und darin umzudrehen, wir beschimpften einer des andern Namen, Herkunft und Vater.

Es war das erste und einzige Mal, daß ich einen solchen Kampf im vollen Kriegsrausch bis zu Ende ausfocht, mit allen Hieben, allen Grausamkeiten, allen Beschimpfungen. Zugesehen hatte ich oft und mit grausender Lust diese vulgären, urtümlichen Flüche und Schandworte angehört; nun schrie ich sie selber heraus, als sei ich ihrer von klein auf gewohnt und in ihrem Gebrauch geübt. Tränen liefen mir aus den Augen und Blut über den Mund. Die Welt aber war herrlich, sie hatte einen Sinn, es war gut zu leben, gut zu hauen, gut zu bluten und bluten zu machen.

Niemals vermochte ich in der Erinnerung das Ende dieses Kampfes wieder zu finden. Irgendeinmal war es aus, irgendeinmal stand ich allein in der stillen Dunkelheit, erkannte Straßenecken und Häuser, war nahe bei unserm Hause. Langsam floh der Rausch, langsam hörte das Flügelbrausen und Donnern auf, und Wirklichkeit drang stückweise vor meine Sinne, zuerst nur vor die Augen. Da der Brunnen. Die Brücke. Blut an meiner Hand, zerrissene Kleider, herabgerutschte Strümpfe, ein Schmerz im Knie, einer im Auge, keine Mütze mehr da – alles kam nach und nach, wurde Wirklichkeit und sprach zu mir. Plötzlich war ich tief ermüdet, fühlte meine Knie und Arme zittern, tastete nach einer Hauswand.

Und da war unser Haus. Gott sei Dank! Ich wußte nichts auf der Welt mehr, als daß dort Zuflucht war, Friede, Licht, Geborgenheit. Aufatmend schob ich das hohe Tor zurück.

Da mit dem Duft von Stein und feuchter Kühle überströmte mich plötzlich Erinnerung, hundertfach. O Gott! Es roch nach Strenge, nach Gesetz, nach Verantwortung, nach Vater und Gott. Ich hatte gestohlen. Ich war kein verwundeter Held, der vom Kampf heimkehrte. Ich war kein armes Kind, das nach Hause findet und von der Mutter in Wärme und Mitleid gebettet wird. Ich war Dieb, ich war Verbrecher. Da droben waren nicht Zuflucht, Bett und Schlaf für mich, nicht Essen und Pflege, nicht Trost und Vergessen. Auf mich wartete Schuld und Gericht.

Damals in dem finstern abendlichen Flur und im Treppenhaus, dessen viele Stufen ich unter Mühen erklomm, atmete ich, wie ich glaube, zum erstenmal in meinem Leben für Augenblicke den kalten Äther, die Einsamkeit, das Schicksal. Ich sah keinen Ausweg, ich hatte keine Pläne, auch keine Angst, nichts als das kalte, rauhe Gefühl: »Es muß sein.« Am Geländer zog ich mich die Treppe hinauf. Vor der Glastür fühlte ich Lust, noch einen Augenblick mich auf die Treppe zu setzen, aufzuatmen, Ruhe zu haben. Ich tat es nicht, es hatte keinen Zweck. Ich mußte hinein. Beim Öffnen der Tür fiel mir ein, wie spät es wohl sei?

Ich trat ins Eßzimmer. Da saßen sie um den Tisch und hatten eben gegessen, ein Teller mit Äpfeln stand noch da. Es war gegen acht Uhr. Nie war ich ohne Erlaubnis so spät heimgekommen, nie hatte ich beim Abendessen gefehlt.

»Gott sei Dank, da bist du!« rief meine Mutter lebhaft. Ich sah, sie war in Sorge um mich gewesen. Sie lief auf mich zu und blieb erschrocken stehen, als sie mein Gesicht und die beschmutzten und zerrissenen Kleider sah. Ich sagte nichts und blickte niemanden an, doch spürte ich deutlich, daß Vater und Mutter sich mit Blicken meinetwegen verständigten. Mein Vater schwieg und beherrschte sich; ich fühlte, wie zornig er war. Die Mutter nahm sich meiner an, Gesicht und Hände wurden mir gewaschen, Pflaster aufgeklebt, dann bekam ich zu essen. Mitleid und Sorgfalt umgaben mich, ich saß still und tief beschämt, fühlte die Wärme und genoß sie mit schlechtem Gewissen. Dann ward ich zu Bett geschickt. Dem Vater gab ich die Hand, ohne ihn anzusehen.

Als ich schon im Bett lag, kam die Mutter noch zu mir. Sie nahm meine Kleider vom Stuhl und legte mir andere hin, denn morgen war Sonntag. Dann fing sie behutsam zu fragen an, und ich mußte von meiner Rauferei erzählen. Sie fand es zwar schlimm, schalt aber nicht und schien ein wenig verwundert, daß ich dieser Sache wegen so sehr gedrückt und scheu war. Dann ging sie.

Und nun, dachte ich, war sie überzeugt, daß alles gut sei. Ich hatte Händel ausgefochten und war blutiggehauen worden, aber das würde morgen vergessen sein. Von dem andern, dem Eigentlichen, wußte sie nichts. Sie war betrübt gewesen, aber unbefangen und zärtlich. Auch der Vater wußte also vermutlich noch nichts.

Und nun überkam mich ein furchtbares Gefühl von Enttäuschung. Ich merkte jetzt, daß ich seit dem Augenblick, wo ich unser Haus betreten hatte, ganz und gar von einem einzigen, sehnlichen, verzehrenden Wunsch erfüllt gewesen war. Ich hatte nichts anderes gedacht, gewünscht, ersehnt, als daß das Gewitter nun ausbrechen möge, daß das Gericht über mich ergehe, daß das Furchtbare zur Wirklichkeit werde und die entsetzliche Angst davor aufhöre. Ich war auf alles gefaßt, zu allem bereit gewesen. Mochte ich schwer gestraft, geschlagen und eingesperrt werden! Mochte er mich hungern lassen! Mochte er mich verfluchen und verstoßen! Wenn nur die Angst und Spannung ein Ende nahmen!

Statt dessen lag ich nun da, hatte noch Liebe und Pflege genossen, war freundlich geschont und für meine Unarten nicht zur Rechenschaft gezogen worden und konnte aufs neue warten und bangen. Sie hatten mir die zerrissenen Kleider, das lange Fortbleiben, das versäumte Abendessen vergeben, weil ich müde war und blutete und ihnen leid tat, vor allem aber, weil sie das andere nicht ahnten, weil sie nur von meinen Unarten, nichts von meinem Verbrechen wußten. Es würde mir doppelt schlimm gehen, wenn es ans Licht kam! Vielleicht schickte man mich, wie man früher einmal gedroht hatte, in eine Besserungsanstalt, wo man altes, hartes Brot essen und während der ganzen Freizeit Holz sägen und Stiefel putzen mußte, wo es Schlafsäle mit Aufsehern geben sollte, die einen mit dem Stock schlugen und morgens um vier mit kaltem Wasser weckten. Oder man übergab mich der Polizei?

Jedenfalls aber, es komme wie es möge, lag wieder eine Wartezeit vor mir. Noch länger mußte ich die Angst ertragen, noch länger mit meinem Geheimnis herumgehen, vor jedem Blick und Schritt im Hause zittern und niemand ins Gesicht sehen können.

Oder war es am Ende möglich, daß mein Diebstahl gar nicht bemerkt wurde? Daß alles blieb, wie es war? Daß ich mir alle diese Angst und Pein vergebens gemacht hatte? – O, wenn das geschehen sollte, wenn dies Unausdenkliche, Wundervolle möglich war, dann wollte ich ein ganz neues Leben beginnen, dann wollte ich Gott danken und mich dadurch würdig zeigen, daß ich Stunde für Stunde ganz rein und fleckenlos lebte! Was ich schon früher versucht hatte und was mir mißglückt war, jetzt würde es gelingen, jetzt waren mein Vorsatz und Wille stark genug, jetzt nach diesem Elend, dieser Hölle voll Qual! Mein ganzes Wesen bemächtigte sich dieses Wunschgedankens und sog sich inbrünstig daran fest. Trost regnete vom Himmel, Zukunft tat sich blau und sonnig auf. In diesen Phantasien schlief ich endlich ein und schlief unbeschwert die ganze, gute Nacht hindurch.

Am Morgen war Sonntag, und noch im Bett empfand ich, wie den Geschmack einer Frucht, das eigentümliche, sonderbar gemischte, im ganzen aber so köstliche Sonntagsgefühl, wie ich es seit meiner Schulzeit kannte. Der Sonntagmorgen war eine gute Sache: Ausschlafen, keine Schule, Aussicht auf ein gutes Mittagessen, kein Geruch nach Lehrer und Tinte, eine Menge freie Zeit. Dies war die Hauptsache. Schwächer nur klangen andere, fremdere, fadere Töne hinein: Kirchgang oder Sonntagsschule, Familienspaziergang, Sorge um die schönen Kleider. Damit wurden der reine, gute, köstliche Geschmack und Duft ein wenig verfälscht und zersetzt – so, wie wenn zwei gleichzeitig gegessene Speisen, etwa ein Pudding und der Saft dazu, nicht ganz zusammenpaßten, oder wie zuweilen Bonbons oder Backwerk, die man in kleinen Läden geschenkt bekam, einen fatalen leisen Beigeschmack von Käse oder von Erdöl hatten. Man aß sie, und sie waren gut, aber es war nichts Volles und Strahlendes, man mußte ein Auge dabei zudrücken. Nun, so ähnlich war meistens der Sonntag, namentlich wenn ich in die Kirche oder Sonntagsschule gehen mußte, was zum Glück nicht immer der Fall war. Der freie Tag bekam dadurch einen Beigeschmack von Pflicht und von Langeweile. Und bei den Spaziergängen mit der ganzen Familie, wenn sie auch oft schön sein konnten, passierte gewöhnlich irgend etwas, es gab Streit mit den Schwestern, man ging zu rasch oder zu langsam, man brachte Harz an die Kleider; irgendein Haken war meistens dabei.

Nun, das mochte kommen. Mir war wohl. Seit gestern war eine Masse Zeit vergangen. Vergessen hatte ich meine Schandtat nicht, sie fiel mir schon am Morgen wieder ein, aber es war nun so lange her, die Schrecken waren ferngerückt und unwirklich geworden. Ich hatte gestern meine Schuld gebüßt, wenn auch nur durch Gewissensqualen, ich hatte einen bösen, jammervollen Tag durchlitten. Nun war ich wieder zu Vertrauen und Harmlosigkeit geneigt und machte mir wenig Gedanken mehr. Ganz war es ja noch nicht abgetan, es klangen noch ein wenig Drohung und Peinlichkeit nach, so wie in den schönen Sonntag jene kleinen Pflichten und Kümmernisse mit hineinklangen.

Beim Frühstück waren wir alle vergnügt. Es wurde mir die Wahl zwischen Kirche und Sonntagsschule gelassen. Ich zog, wie immer, die Kirche vor. Dort wurde man wenigstens in Ruhe gelassen und konnte seine Gedanken laufen lassen; auch war der hohe, feierliche Raum mit den bunten Fenstern oft schön und ehrwürdig, und wenn man mit eingekniffenen Augen dort das lange dämmernde Schiff gegen die Orgel sah, dann gab es manchmal wundervolle Bilder; die aus dem Finstern ragenden Orgelpfeifen erschienen oft wie eine strahlende Stadt mit hundert Türmen. Auch war es mir oft geglückt, wenn die Kirche nicht voll war, die ganze Stunde ungestört in einem Geschichtenbuch zu lesen.

Heut nahm ich keines mit und dachte auch nicht daran, mich um den Kirchgang zu drücken, wie ich es auch schon getan hatte. So viel klang von gestern abend noch in mir nach, daß ich gute und redliche Vorsätze hatte und gesonnen war, mich mit Gott, Eltern und Welt freundlich und gefügig zu vertragen. Auch mein Zorn gegen Oskar Weber war ganz und gar verflogen. Wenn er gekommen wäre, ich hätte ihn aufs beste aufgenommen.

Der Gottesdienst begann, ich sang die Choralverse mit, es war das Lied »Hirte deiner Schafe«, das wir auch in der Schule auswendig gelernt hatten. Es fiel mir dabei wieder einmal auf, wie ein Liedervers beim Singen, und gar bei dem schleppend langsamen Gesang in der Kirche, ein ganz anderes Gesicht hatte als beim Lesen oder Hersagen. Beim Lesen war so ein Vers ein Ganzes, hatte einen Sinn, bestand aus Sätzen. Beim Singen bestand er nur noch aus Worten, Sätze kamen nicht zustande, Sinn war keiner da, aber dafür gewannen die Worte, die einzelnen, gesungenen, langhin gedehnten Worte, ein sonderbar starkes unabhängiges Leben, ja, oft waren es nur einzelne Silben, etwas an sich ganz Sinnloses, die im Gesang selbständig wurden und Gestalt annahmen. In dem Vers »Hirte deiner Schafe, der von keinem Schlafe etwas wissen mag« war zum Beispiel heute beim Kirchengesang gar kein Zusammenhang und Sinn, man dachte auch weder an einen Hirten noch an Schafe, man dachte durchaus gar nichts. Aber das war keineswegs langweilig. Einzelne Worte, namentlich das »Schla-afe«, wurden so seltsam voll und schön, man wiegte sich ganz darin, und auch das »mag« tönte geheimnisvoll und schwer, erinnerte an »Magen« und an dunkle, gefühlsreiche, halbbekannte Dinge, die man in sich innen im Leibe hat. Dazu die Orgel!

Und dann kam der Stadtpfarrer und die Predigt, die stets so unbegreiflich lang war, und das seltsame Zuhören, wobei man oft lange Zeit nur den Ton der redenden Stimme glockenhaft schweben hörte, dann wieder einzelne Worte scharf und deutlich samt ihrem Sinn vernahm und ihnen zu folgen bemüht war, solange es ging. Wenn ich nur im Chor hätte sitzen dürfen, statt unter all den Männern auf der Empore. Im Chor, wo ich bei Kirchenkonzerten schon gesessen war, da saß man tief in schweren, isolierten Stühlen, deren jeder ein kleines festes Gebäude war, und über sich hatte man ein sonderbar reizvolles, vielfältiges, netzartiges Gewölbe, und hoch an der Wand war die Bergpredigt in sanften Farben gemalt, und das blaue und rote Gewand des Heilands auf dem blaßblauen Himmel war so zart und beglückend anzusehen.

Manchmal knackte das Kirchengestühl, gegen das ich eine tiefe Abneigung hegte, weil es mit einer gelben, öden Lackfarbe gestrichen war, an der man immer ein wenig klebenblieb. Manchmal summte eine Fliege auf und gegen eines der Fenster, in deren Spitzbogen blaurote Blumen und grüne Sterne gemalt waren. Und unversehens war die Predigt zu Ende, und ich streckte mich vor, um den Pfarrer in seinen engen, dunklen Treppenschlauch verschwinden zu sehen. Man sang wieder, aufatmend und sehr laut, und man stand auf und strömte hinaus; ich warf den mitgebrachten Fünfer in die Opferbüchse, deren blecherner Klang so schlecht in die Feierlichkeit paßte, und ließ mich vom Menschenstrom mit ins Portal ziehen und ins Freie treiben.

Jetzt kam die schönste Zeit des Sonntags, die zwei Stunden zwischen Kirche und Mittagessen. Da hatte man seine Pflicht getan, man war im langen Sitzen auf Bewegung, auf Spiele oder Gänge begierig geworden, oder auf ein Buch, und war völlig frei bis zum Mittag, wo es meistens etwas Gutes gab. Zufrieden schlenderte ich nach Hause, angefüllt mit freundlichen Gedanken und Gesinnungen. Die Welt war in Ordnung, es ließ sich in ihr leben. Friedfertig trabte ich durch Flur und Treppe hinauf.

In meinem Stübchen schien Sonne. Ich sah nach meinen Raupenkästen, die ich gestern vernachlässigt hatte, fand ein paar neue Puppen, gab den Pflanzen frisches Wasser.

Da ging die Tür.

Ich achtete nicht gleich darauf. Nach einer Minute wurde die Stille mir sonderbar; ich drehte mich um. Da stand mein Vater. Er war blaß und sah gequält aus. Der Gruß blieb mir im Halse stecken. Ich sah: er wußte! Er war da. Das Gericht begann. Nichts war gut geworden, nichts abgebüßt, nichts vergessen! Die Sonne wurde bleich, und der Sonntagmorgen sank welk dahin.

Aus allen Himmeln gerissen starrte ich dem Vater entgegen. Ich haßte ihn, warum war er nicht gestern gekommen? Jetzt war ich auf nichts vorbereitet, hatte nichts bereit, nicht einmal Reue und Schuldgefühl. – Und wozu brauchte er oben in seiner Kommode Feigen zu haben?

Er ging zu meinem Bücherschrank, griff hinter die Bücher und zog einige Feigen hervor. Es waren wenige mehr da. Dazu sah er mich an, mit stummer, peinlicher Frage. Ich konnte nichts sagen. Leid und Trotz würgten mich.

»Was ist denn?« brachte ich dann heraus.

»Woher hast du diese Feigen?« fragte er, mit einer beherrschten, leisen Stimme, die mir bitter verhaßt war.

Ich begann sofort zu reden. Zu lügen. Ich erzählte, daß ich die Feigen bei einem Konditor gekauft hätte, es sei ein ganzer Kranz gewesen. Woher das Geld dazu kam? Das Geld kam aus einer Sparkasse, die ich gemeinsam mit einem Freunde hatte. Da hatten wir beide alles kleine Geld hineingetan, das wir je und je bekamen. Übrigens – hier war die Kasse. Ich holte die Schachtel mit dem Schlitz hervor. Jetzt war bloß noch ein Zehner darin, eben weil wir gestern die Feigen gekauft hatten.

Mein Vater hörte zu, mit einem stillen, beherrschten Gesicht, dem ich nichts glaubte.

»Wieviel haben denn die Feigen gekostet?« fragte er mit der zu leisen Stimme.

»Eine Mark und sechzig.«

»Und wo hast du sie gekauft?«

»Beim Konditor.«

»Bei welchem?«

»Bei Haager.«

Es gab eine Pause. Ich hielt die Geldschachtel noch in frierenden Fingern. Alles an mir war kalt und fror.

Und nun fragte er, mit einer Drohung in der Stimme: »Ist das wahr?«

Ich redete wieder rasch. Ja, natürlich war es wahr, und mein Freund Weber war im Laden gewesen, ich hatte ihn nur begleitet. Das Geld hatte hauptsächlich ihm, dem Weber, gehört, von mir war nur wenig dabei.

»Nimm deine Mütze«, sagte mein Vater, »wir wollen miteinander zum Konditor Haager gehen. Er wird ja wissen, ob es wahr ist.«

Ich versuchte zu lächeln. Nun ging mir die Kälte bis in Herz und Magen. Ich ging voran und nahm im Korridor meine blaue Mütze. Der Vater öffnete die Glastür, auch er hatte seinen Hut genommen.

»Noch einen Augenblick!« sagte ich, »ich muß schnell hinausgehen.«

Er nickte. Ich ging auf den Abtritt, schloß zu, war allein, war noch einen Augenblick gesichert. O, wenn ich jetzt gestorben wäre!

Ich blieb eine Minute, blieb zwei. Es half nichts. Man starb nicht. Es galt standzuhalten. Ich schloß auf und kam. Wir gingen die Treppe hinunter.

Als wir eben durchs Haustor gingen, fiel mir etwas Gutes ein, und ich sagte schnell:

»Aber heut ist ja Sonntag, da hat der Haager gar nicht offen.«

Das war eine Hoffnung, zwei Sekunden lang. Mein Vater sagte gelassen: »Dann gehen wir zu ihm in die Wohnung. Komm.«

Wir gingen. Ich schob meine Mütze gerade, steckte eine Hand in die Tasche und versuchte neben ihm daherzugehen, als sei nichts Besonderes los. Obwohl ich wußte, daß alle Leute mir ansahen, ich sei ein abgeführter Verbrecher, versuchte ich doch mit tausend Künsten, es zu verheimlichen. Ich bemühte mich, einfach und harmlos zu atmen; es brauchte niemand zu sehen, wie es mir die Brust zusammenzog. Ich war bestrebt, ein argloses Gesicht zu machen, Selbstverständlichkeit und Sicherheit zu heucheln. Ich zog einen Strumpf hoch, ohne daß er es nötig hatte, und lächelte, während ich wußte, daß dies Lächeln furchtbar dumm und künstlich aussehe. In mir innen, in Kehle und Eingeweiden, saß der Teufel und würgte mich.

Wir kamen am Gasthaus vorüber, beim Hufschmied, beim Lohnkutscher, bei der Eisenbahnbrücke. Dort drüben hatte ich gestern abend mit Weber gekämpft. Tat nicht der Riß beim Auge noch weh? Mein Gott! Mein Gott!

Willenlos ging ich weiter, unter Krämpfen um meine Haltung bemüht. An der Adlerscheuer vorbei, die Bahnhofstraße hinaus. Wie war diese Straße gestern noch gut und harmlos gewesen! Nicht denken! Weiter! Weiter!

Wir waren ganz nahe bei Haagers Haus. Ich hatte in diesen paar Minuten einige hundertmal die Szene voraus erlebt, die mich dort erwartete. Nun waren wir da. Nun kam es.

Aber es war mir unmöglich, das auszuhalten. Ich blieb stehen.

»Nun? Was ist?« fragte mein Vater.

»Ich gehe nicht hinein«, sagte ich leise.

Er sah zu mir herab. Er hatte es ja gewußt, von Anfang an. Warum hatte ich ihm das alles vorgespielt und mir so viel Mühe gegeben? Es hatte ja keinen Sinn.

»Hast du die Feigen nicht bei Haager gekauft?« fragte er.

Ich schüttelte den Kopf.

»Ach so«, sagte er mit scheinbarer Ruhe. »Dann können wir ja wieder nach Hause gehen.«

Er benahm sich anständig, er schonte mich auf der Straße, vor den Leuten. Es waren viele Leute unterwegs, jeden Augenblick wurde mein Vater gegrüßt. Welches Theater! Welche dumme, unsinnige Qual! Ich konnte ihm für diese Schonung nicht dankbar sein.

Er wußte ja alles! Und er ließ mich tanzen, ließ mich meine nutzlosen Kapriolen vollführen, wie man eine gefangene Maus in der Drahtfalle tanzen läßt, ehe man sie ersäuft. Ach, hätte er mir gleich zu Anfang, ohne mich überhaupt zu fragen und zu verhören, mit dem Stock über den Kopf gehauen, das wäre mir im Grunde lieber gewesen als diese Ruhe und Gerechtigkeit, mit der er mich in meinem dummen Lügengespinst ein- kreiste und langsam erstickte. Überhaupt, vielleicht war es besser, einen groben Vater zu haben als so einen feinen und gerechten. Wenn ein Vater, sowie es in Ge- schichten und Traktätchen vorkam, im Zorn oder in der Betrunkenheit seine Kinder furchtbar prügelte, so war er eben im Unrecht, und wenn die Prügel auch weh taten, so konnte man doch innerlich die Achseln zucken und ihn verachten. Bei meinem Vater ging das nicht, er war zu fein, zu einwandfrei, er war nie im Unrecht. Ihm gegenüber wurde man immer klein und elend.

Mit zusammengebissenen Zähnen ging ich vor ihm her ins Haus und wieder in mein Zimmer. Er war noch immer ruhig und kühl, vielmehr er stellte sich so, denn in Wahrheit war er, wie ich deutlich spürte, sehr böse. Nun begann er in seiner gewohnten Art zu sprechen.

»Ich möchte nur wissen, wozu diese Komödie dienen soll? Kannst du mir das nicht sagen? Ich wußte ja gleich, daß deine ganze hübsche Geschichte erlogen war. Also wozu die Faxen? Du hältst mich doch nicht im Ernst für so dumm, daß ich sie dir glauben würde?«

Ich biß weiter auf meine Zähne und schluckte. Wenn er doch aufhören wollte! Als ob ich selber gewußt hätte, warum ich ihm diese Geschichte vorlog! Als ob ich selber gewußt hätte, warum ich nicht mein Verbrechen gestehen und um Verzeihung bitten konnte! Als ob ich auch nur gewußt hätte, warum ich diese unseligen Feigen stahl! Hatte ich das denn gewollt, hatte ich es denn mit Überlegung und Wissen und aus Gründen getan?! Tat es mir denn nicht leid? Litt ich denn nicht mehr darunter als er?

Er wartete und machte ein nervöses Gesicht voll mühsamer Geduld. Einen Augenblick lang war mir selbst die Lage vollkommen klar, im Unbewußten, doch hätte ich es nicht wie heut mit Worten sagen können. Es war so: Ich hatte gestohlen, weil ich trostbedürftig in Vaters Zimmer gekommen war und es zu meiner Enttäuschung leer gefunden hatte. Ich hatte nicht stehlen wollen. Ich hatte, als der Vater nicht da war, nur spionieren wollen, mich unter seinen Sachen umsehen, seine Geheimnisse belauschen, etwas über ihn erfahren. So war es. Dann lagen die Feigen da, und ich stahl. Und sofort bereute ich, und den ganzen Tag gestern hatte ich Qual und Verzweiflung gelitten, hatte zu sterben gewünscht, hatte mich verurteilt, hatte neue, gute Vorsätze gefaßt. Heut aber – ja, heut war es nun anders. Ich hatte diese Reue und all das nun ausgekostet, ich war jetzt nüchterner, und ich spürte unerklärliche, aber riesenstarke Widerstände gegen den Vater und gegen alles, was er von mir erwartete und verlangte.

Hätte ich ihm das sagen können, so hätte er mich verstanden. Aber auch Kinder, so sehr sie den Großen an Klugheit überlegen sind, stehen einsam und ratlos vor dem Schicksal.

Steif vor Trotz und verbissenem Weh schwieg ich weiter, ließ ihn klug reden und sah mit Leid und seltsamer Schadenfreude zu, wie alles schiefging und schlimm und schlimmer wurde, wie er litt und enttäuscht war, wie er vergeblich an alles Bessere in mir appellierte.

Als er fragte: »Also hast du die Feigen gestohlen?«, konnte ich nur nicken. Mehr als ein schwaches Nicken brachte ich auch nicht über mich, als er wissen wollte, ob es mir leid tue. – Wie konnte er, der große, kluge Mann, so unsinnig fragen! Als ob es mir etwa nicht leid getan hätte! Als ob er nicht hätte sehen können, wie mir das Ganze weh tat und das Herz umdrehte! Als ob es mir möglich gewesen wäre, mich etwa gar noch meiner Tat und der elenden Feigen zu freuen!

Vielleicht zum erstenmal in meinem kindlichen Leben empfand ich fast bis zur Schwelle der Einsicht und des Bewußtwerdens, wie namenlos zwei verwandte, gegeneinander wohlgesinnte Menschen sich mißverstehen und quälen und martern können, und wie dann alles Reden, alles Klugseinwollen, alle Vernunft bloß noch Gift hinzugießen, bloß neue Qualen, neue Stiche, neue Irrtümer schaffen. Wie war das möglich? Aber es war möglich, es geschah. Es war unsinnig, es war toll, es war zum Lachen und zum Verzweifeln – aber es war so.

Genug nun von dieser Geschichte! Es endete damit, daß ich über den Sonntagnachmittag in der Dachkammer eingesperrt wurde. Einen Teil ihrer Schrecken verlor die harte Strafe durch Umstände, welche freilich mein Geheimnis waren. In der dunkeln, unbenutzten Bodenkammer stand nämlich tief verstaubt eine Kiste, halb voll mit alten Büchern, von denen einige keineswegs für Kinder bestimmt waren. Das Licht zum Lesen gewann ich durch das Beiseiteschieben eines Dachziegels.

Am Abend dieses traurigen Sonntags gelang es meinem Vater, kurz vor Schlafengehen mich noch zu einem kurzen Gespräch zu bringen, das uns versöhnte. Als ich im Bett lag, hatte ich die Gewißheit, daß er mir ganz und vollkommen verziehen habe – vollkommener als ich ihm. *(1918/19)*

Floßfahrt

Vermutlich laufen auch heute noch da und dort auf Erden Bäche und Ströme durch Gras und Wald, stehen frühmorgens an Waldrändern im betauten Laubwerk sanftblickende Rehe, vielleicht auch kommt den Kindern von heute ihr Bach mit seinen Zementufern und ihre Wiese mit dem Sportplatz und den Fahrradgestellen ebenso schön und ehrwürdig vor, wie uns Unzeitgemäßen einst, vor einem halben Jahrhundert, ein wirklicher Bach und eine wirkliche Wiese vorkam. Es hat keinen Sinn, darüber zu streiten, vielleicht ist tatsächlich die Welt inzwischen vollkommener geworden. Sei dem, wie ihm wolle, wir Ältern sind dennoch der Meinung, wir hätten vor vierzig bis fünfzig Jahren noch etwas eingeatmet, etwas gekostet und miterlebt, das seither vollends aus der vervollkommneten Welt entschwunden ist: den Rest einer Unschuld, den Rest einer Harmlosigkeit und Ländlichkeit, welche damals noch da und dort mitten in Deutschland anzutreffen war, während sie heute auch in Polynesien vergebens gesucht wird. Darum erinnern wir uns gern der Kindheit und genießen froh, dumm und egoistisch das Recht unseres Alters, die vergangenen Zeiten auf Kosten der heutigen zu loben. Eine Erinnerung an die sagenhaft gewordene Kindheit kam mir dieser Tage. Sei willkommen, schöne Erinnerung! Durch meine Vaterstadt im Schwarzwald floß ein Fluß, ein Fluß, an dem damals nur erst ganz wenige Fabriken standen, wo es viele alte Mühlen und Brücken, Schilfufer und Erlengehölze, wo es viele Fische und im Sommer Millionen von dunkelblauen Wasserjungfern gab. Es ist mir unbekannt, wie sich die Fische und die Wasserjungfern zwischen dem zunehmenden Zementgemäuer der Ufer und den zunehmenden Fabriken gehalten haben, vielleicht sind sie noch immer da. Vermutlich längst verschwunden aber ist etwas, was es damals auf dem Flusse gab, etwas Schönes und Geheimnisvolles, etwas Märchenhaftes, etwas vom Allerschönsten, was dieser schöne sagenhafte Fluß besaß: die Flößerei. Damals, zu unseren Zeiten, wurden die Schwarzwälder Tannenstämme den Sommer über in gewaltigen Flößen alle die kleinen Flüsse bis nach Mannheim und zuweilen noch bis nach Holland hinunter auf dem Wasser befördert, die Flößerei war ein eigenes Gewerbe, und für jedes Städtchen war im Frühjahr das Erscheinen des ersten Floßes noch wichtiger und merkwürdiger als das der ersten Schwalben.

Ein solches Floß (das aber auf Schwäbisch nicht »das Floß« hieß, sondern »der Flooz«) bestand aus lauter langen Tannen- und Fichtenstämmen, sie waren entrindet, aber nicht weiter zugehauen, und das Floß bestand aus einer größeren Anzahl von Gliedern. Jedes Glied umfaßte etwa acht bis zwölf Stämme, die an den Enden verbunden waren, und an jedem Glied hing das nächste Glied elastisch, mit Weiden gebunden, so daß das Floß, war es auch noch so lang, mit seinen beweglichen Gliedern sich den Krümmungen des Flusses anschmiegen konnte. Dennoch passierte es nicht selten, daß ein Floß steckenblieb, eine aufregende Sache für die ganze Stadt und ein hohes Fest für die Jugend. Die Flößer, wegen ihres Mißgeschicks von den Brücken herab und aus den Fenstern der Häuser vielfach verhöhnt, waren wütend und hatten fieberhaft zu arbeiten, wateten schimpfend bis zum Bauch im Wasser, schrien und zeigten die ganze berühmte Wildheit und Rauhigkeit ihres Standes; noch ärgerlicher und böser waren die Müller und Fischer, und alles, was am Ufer sein Leben und seine Arbeit hatte, namentlich die vielen Gerber, rief den Flößern Scherzworte oder Schimpfworte zu. War das Floß unter einem offenen Schleusentor steckengeblieben, dann trabten und schimpften die Müller ganz besonders, und es gab dann zuweilen für uns Knaben ein besonderes Glück: das Flußbett rann eine Strecke weit beinahe leer, und unterhalb der Wehre konnten wir dann die Fische mit der Hand fangen, die breiten, glänzenden Rotaugen, die schnellen, stachligen Barsche und etwa auch ein Neunauge.

Die Flößer gehörten offensichtlich zu den Unseßhaften, Wilden, Wanderern, Nomaden, und Floß und

Flößer waren bei den Hütern der Sitte und Ordnung nicht wohlgelitten. Umgekehrt war für uns Knaben, sooft ein Floß erschien, Gelegenheit zu Abenteuern, Aufregungen und Konflikten mit jenen Ordnungsmächten. So wie zwischen Müllern und Flößern ein ewiger Krieg bestand, in dem ich stets zur Partei der Flößer hielt, so bestand bei unseren Lehrern, Eltern, Tanten eine Abneigung gegen das Flößerwesen, und ein Bestreben, uns mit ihm möglichst wenig in Berührung kommen zu lassen. Wenn einer von uns zu Hause mit einem recht unflätigen Wort, einem meterlangen Fluch aufwartete, dann hieß es bei den Tanten, das habe man natürlich wieder bei den Flößern gelernt. Und an manchem Tage, der durch die Durchreise eines Floßes uns zum Fest geworden war, gab es väterliche Prügel, Tränen der Mutter, Schimpfen des Polizisten. Eine schöne Sage, die wir Knaben über alles liebten, war die von einem kleinen Buben, der einst wider alle Verbote ein Floß bestiegen und damit bis nach Holland und ans Meer gekommen sei und erst nach Monaten sich wieder bei seinen trauernden Eltern eingefunden habe. Es diesem Märchenknaben gleichzutun, war jahrelang mein innigster Wunsch.

Weit öfter, als mein guter Vater ahnte, bin ich als kleiner Bub für kurze Strecken blinder Passagier auf einem Floß gewesen. Es war streng verboten, man hatte nicht nur die Erzieher und die Polizei gegen sich, sondern leider meistens auch die Flößer.

Schöneres und Spannenderes gibt es für einen Knaben nicht auf Welt, als eine Floßfahrt. Denke ich daran, so kommt mit hundert zauberhaften Düften die ganze Heimat und Vergangenheit herauf. Ein vorüberfahrendes Floß besteigen konnte man entweder vom Laufsteg eines Schleusentors, einer sogenannten »Stellfalle« aus – das galt für schneidig und forderte einigen Mut, oder aber vom Ufer aus, was oft gar nicht schwierig war, aber doch jedesmal mit einem halben oder ganzen Bad bezahlt werden mußte. Am besten noch ging es an ganz warmen Sommertagen, wenn man ohnehin sehr wenig Kleider und weder Schuhe noch Strümpfe anhatte. Dann kam man leicht aufs Floß, und wenn man Glück hatte und sich vor den Flößern verbergen konnte, war es wunderbar, ein paar Meilen weit zwischen den grünen stillen Ufern den Fluß hinunterzufahren, unter den Brücken und Stellfallen hindurch.

Während des Fahrens aber, wenn nicht gerade ein Flößer freundlich war und einen auf einen Bretterstoß setzte, bekam man sehr bald auch die Unbilden des beneideten Flößerhandwerks zu kosten. Man stand unsicher auf den glitschigen Stämmen, zwischen denen das Wasser ununterbrochen heraufspritzte, man war naß bis auf die Knochen, und wenn es nicht sehr sommerlich war, fing man stets bald an zu frieren. Und dann kam der Augenblick näher, wo man das rasch fahrende Floß wieder verlassen mußte, es ging gegen den Abend, man schlotterte vor nasser Kühle, und man war bis in eine Gegend mitgefahren, wo man die Ufer nicht mehr so genau kannte wie zu Hause. Nun galt es eine Stelle zu erspähen und unverweilt mit raschem Entschluß zu benützen, wo ein Absprung ans Land möglich schien – meistens gab es in diesem letzten Augenblick nochmals ein Bad, auch war es oft gefährlich, und hie und da passierte ein Unglück; auch mir ist bei diesem Anlaß einst der Schauder der Todesgefahr bekannt geworden.

Und wenn man dann glücklich wieder an Land war, Erde und Gras unter den Füßen hatte, dann war es weit, zuweilen sehr weit nach Hause zurück, man stand in nassen Schuhen, nassen Kleidern, man hatte die Mütze verloren, und nun spürte man nach dem langen glitschigen Stehen auf den nassen Baumstämmen eine Schwäche in den Waden und Knien und mußte doch noch eine Stunde oder zwei oder mehr zu Fuß laufen, und alles nur, um dann von schluchzenden Müttern, entsetzten Tanten und einem todernsten Vater empfangen zu werden, welche dem Herrn dafür dankten, daß er wider Verdienst den entarteten Knaben hatte heil entrinnen lassen.

Schon in der Kindheit war es so: man bekam nichts geschenkt, man mußte jedes Glück bezahlen. Und wenn ich heute nachrechne, in was das Glück einer solchen Floßfahrt eigentlich bestand, wenn ich alle die Beschwerden, Anstrengungen, Unbilden abziehe, so bleibt wenig übrig. Aber dieses wenige ist wunderbar; ein stilles, rasch und erregend ziehendes Fahren auf dem kühlen, laut rauschenden Fluß, zwischen lauter spritzendem Wasser, ein traumhaftes Hinwegfahren unter den Brücken, durch dicke, lange Gehänge von Spinnweben, träumerische Augenblicke des Versinkens in ein unsäglich seliges Gefühl von Wanderung, von Unterwegssein, von Entronnensein und Indiewelthineinfahren, mit der Perspektive zum Neckar und zum Rhein und nach Holland hinunter – und dies wenige, diese mit Nässe, Frieren, mit Schimpfworten der Flößer, Predigten der Eltern bezahlte Seligkeit wog doch alles auf, war doch alles wert, was man dafür geben mußte. Man war ein Flößer, man war ein Wanderer, ein Nomade, man schwamm an den Städten und Menschen vorbei, still, nirgends hingehörig, und fühlte im Herzen die Weite der Welt und ein sonderbares Heimweh brennen. O nein, es war gewiß nicht zu teuer bezahlt.

(*1927*)

Der Kavalier auf dem Eise

Damals sah mir die Welt noch anders aus. Ich war zwölfeinhalb Jahre alt und noch mitten in der vielfarbigen, reichen Welt der Knabenfreuden und Knabenschwärmereien befangen. Nun dämmerte schüchtern und lüstern zum ersten Male das weiche Ferneblau der gemilderten, innigeren Jugendlichkeit in meine erstaunte Seele.

Es war ein langer, strenger Winter, und unser schöner Schwarzwaldfluß lag wochenlang hart gefroren. Ich kann das merkwürdige, gruselig-entzückte Gefühl nicht vergessen, mit dem ich am ersten bitterkalten Morgen den Fluß betrat, denn er war tief und das Eis war so klar, daß man wie durch eine dünne Glasscheibe unter sich das grüne Wasser, den Sandboden mit Steinen, die phantastisch verschlungenen Wasserpflanzen und zuweilen den dunklen Rücken eines Fisches sah.

Halbe Tage trieb ich mich mit meinen Kameraden auf dem Eise herum, mit heißen Wangen und blauen Händen, das Herz von der starken rhythmischen Bewegung des Schlittschuhlaufs energisch geschwellt, voll von der wunderbaren gedankenlosen Genußkraft der

Knabenzeit. Wir übten Wettlauf, Weitsprung, Hochsprung, Fliehen und Haschen, und diejenigen von uns, die noch die altmodischen beinernen Schlittschuhe mit Bindfaden an den Stiefeln befestigt trugen, waren nicht die schlechtesten Läufer. Aber einer, ein Fabrikantensohn, besaß ein Paar »Halifax«, die waren ohne Schnur oder Riemen befestigt und man konnte sie in zwei Augenblicken anziehen und ablegen. Das Wort Halifax stand von da an jahrelang auf meinem Weihnachtswunschzettel, jedoch erfolglos; und als ich zwölf Jahre später einmal ein Paar recht feine und gute Schlittschuhe kaufen wollte und im Laden Halifax verlangte, da ging mir zu meinem Schmerz ein Ideal und ein Stück Kinderglauben verloren, als man mir lächelnd versicherte, Halifax sei ein veraltetes System und längst nicht mehr das Beste.

Am liebsten lief ich allein, oft bis zum Einbruch der Nacht. Ich sauste dahin, lernte im raschesten Schnelllauf an jedem beliebigen Punkte halten oder wenden, schwebte mit Fliegergenuß balancierend in schönen Bogen. Viele von meinen Kameraden benutzten die Zeit auf dem Eise, um den Mädchen nachzulaufen und zu hofieren. Für mich waren die Mädchen nicht vorhanden. Während andere ihnen Ritterdienste leisteten, sie sehnsüchtig und schüchtern umkreisten oder sie kühn und flott in Paaren führten, genoß ich allein die freie Lust des Gleitens. Für die »Mädelesführer« hatte ich nur Mitleid oder Spott. Denn aus den Konfessionen mancher Freunde glaubte ich zu wissen, wie zweifelhaft ihre galanten Genüsse im Grunde waren.

Da, schon gegen Ende des Winters, kam mir eines Tages die Schülerneuigkeit zu Ohren, der Nordkaffer habe neulich die Emma Meier beim Schlittschuhausziehen geküßt. Die Nachricht trieb mir plötzlich das Blut zu Kopfe. Geküßt! Das war freilich schon was anderes als die faden Gespräche und scheuen Händedrücke, die sonst als höchste Wonnen des Mädleführens gepriesen wurden. Geküßt! Das war ein Ton aus einer fremden, verschlossenen, scheu geahnten Welt, das hatte den leckeren Duft der verbotenen Früchte, das hatte etwas Heimliches, Poetisches, Unnennbares, das gehörte in jenes dunkelsüße, schaurig lockende Gebiet, das von uns allen verschwiegen, aber ahnungsvoll gekannt und streifweise durch sagenhafte Liebesabenteuer ehemaliger, von der Schule verwiesener Mädchenhelden beleuchtet war. Der »Nordkaffer« war ein vierzehnjähriger, Gott weiß wie zu uns verschlagener Hamburger Schuljunge, den ich sehr verehrte und dessen fern der Schule blühender Ruhm mich oft nicht schlafen ließ. Und Emma Meier war unbestritten das hübscheste Schulmädchen von Gerbersau, blond, flink, stolz und so alt wie ich.

Von jenem Tage an wälzte ich Pläne und Sorgen in meinem Sinn. Ein Mädchen zu küssen, das übertraf doch alle meine bisherigen Ideale, sowohl an sich selbst, als weil es ohne Zweifel vom Schulgesetz verboten und verpönt war. Es wurde mir schnell klar, daß der solenne Minnedienst der Eisbahn hierzu die einzige gute Gelegenheit sei. Zunächst suchte ich denn mein Äußeres nach Vermögen hoffähiger zu machen. Ich wandte Zeit und Sorgfalt an meine Frisur, wachte peinlich über die Sauberkeit meiner Kleider, trug die Pelzmütze manierlich halb in der Stirn und erbettelte von meinen Schwestern ein rosenrot seidenes Foulard. Zugleich begann ich auf dem Eise die etwa in Frage kommenden Mädchen höflich zu grüßen und glaubte zu sehen, daß diese ungewohnte Huldigung zwar mit Erstaunen, aber nicht ohne Wohlgefallen bemerkt wurde.

Viel schwerer wurde mir die erste Anknüpfung, denn in meinem Leben hatte ich noch kein Mädchen »engagiert«. Ich suchte meine Freunde bei dieser ernsten Zeremonie zu belauschen. Manche machten nur einen Bückling und streckten die Hand aus, andere stotterten etwas Unverständliches hervor, weitaus die meisten aber bedienten sich der eleganten Phrase: »Hab' ich die Ehre?« Diese Formel imponierte mir sehr, und ich übte sie ein, indem ich zu Hause in meiner Kammer mich vor dem Ofen verneigte und die feierlichen Worte dazu sprach.

Der Tag des schweren ersten Schrittes war gekommen. Schon gestern hatte ich Werbegedanken gehabt, war aber mutlos heimgekehrt, ohne etwas gewagt zu haben. Heute hatte ich mir vorgenommen, unweigerlich zu tun, was ich so sehr fürchtete wie ersehnte. Mit

Herzklopfen und todbeklommen wie ein Verbrecher ging ich zur Eisbahn, und ich glaube, meine Hände zitterten beim Anlegen der Schlittschuhe. Und dann stürzte ich mich in die Menge, in weitem Bogen ausholend, und bemüht, meinem Gesicht einen Rest der gewohnten Sicherheit und Selbstverständlichkeit zu bewahren. Zweimal durchlief ich die ganze lange Bahn im eiligsten Tempo, die scharfe Luft und die heftige Bewegung taten mir wohl.

Plötzlich, gerade unter der Brücke, rannte ich mit voller Wucht gegen jemanden an und taumelte bestürzt zur Seite. Auf dem Eise aber saß die schöne Emma, offenbar Schmerzen verbeißend, und sah mich vorwurfsvoll an. Vor meinen Blicken ging die Welt im Kreise.

»Helft mir doch auf!« sagte sie zu ihren Freundinnen. Da nahm ich, blutrot im ganzen Gesicht, meine Mütze ab, kniete neben ihr nieder und half ihr aufstehen.

Wir standen nun einander erschrocken und fassungslos gegenüber, und keines sagte ein Wort. Der Pelz, das Gesicht und Haar des schönen Mädchens betäubten mich durch ihre fremde Nähe. Ich besann mich ohne Erfolg auf eine Entschuldigung und hielt noch immer meine Mütze in der Faust. Und plötzlich, während mir die Augen wie verschleiert waren, machte ich mechanisch einen tiefen Bückling und stammelte: »Hab' ich die Ehre?«

Sie antwortete nichts, ergriff aber meine Hände mit ihren feinen Fingern, deren Wärme ich durch den Handschuh hindurch fühlte, und fuhr mit mir dahin. Mir war zumute wie in einem sonderbaren Traum. Ein Gefühl von Glück, Scham, Wärme, Lust und Verlegenheit raubte mir fast den Atem. Wohl eine Viertelstunde liefen wir zusammen. Dann machte sie an einem Halteplatz leise die kleinen Hände frei, sagte »Danke schön« und fuhr allein davon, während ich verspätet die Pelzkappe zog und noch lange an derselben Stelle stehen blieb. Erst später fiel mir ein, daß sie während der ganzen Zeit kein einziges Wort gesprochen hatte.

Das Eis schmolz, und ich konnte meinen Versuch nicht wiederholen. Es war mein erstes Liebesabenteuer. Aber es vergingen noch Jahre, ehe mein Traum sich erfüllte und mein Mund auf einem roten Mädchenmunde lag. (*1901*)

Erlebnis in der Knabenzeit

Der Schlosser Mohr, Hermann Mohrs Vater, den wir Mohrle nannten, wohnte am Eingang der Badgasse in einem alten, merkwürdigen und etwas finsteren Hause, zu dem ein steiler, gepflasterter Aufstieg und dann noch einige Stufen aus rotem Sandstein hinanführten. Neben dem Tor der Schlosserwerkstatt, die ich nie betreten habe, führte dicht hinter der Haustür eine steile, enge Treppe zur Wohnung hinauf, und auch diese Haustür, diese steile Treppe und diese Wohnung habe ich nur ein einzigesmal betreten, es ist lange her. Denn seit Jahrzehnten ist die Familie Mohr aus meiner Vaterstadt weggezogen und verschwunden, und auch ich selber bin seit Jahrzehnten fort und fremd geworden, und die dortigen Dinge, Bilder und Ereignisse, gehören der fernen Vorwelt der Jugend und der Erinnerungen an. In Jahrzehnten habe ich Tal und Stadt nur wenigemal für wenige Stunden wiedergesehen, aber nie mehr ist eine andere Stadt in den Ländern, in denen ich seither gewohnt habe und gereist bin, mir so bekannt geworden; noch immer ist die Vaterstadt für mich Vorbild, Urbild der Stadt, und die Gassen, Häuser, Menschen und Geschichten dort Vorbild und Urbild aller Menschenheimaten und Menschengeschicke. Lerne ich in der Fremde Neues kennen, eine Gasse, ein Tor, einen Garten, einen alten Mann, eine Familie, so wird das Neue mir erst in dem Augenblick wirklich und voll lebendig, wo irgendetwas an ihm mich, sei es noch so leise und hauchdünn, an das Dort und Damals erinnert.

Die Familie Mohr war mir nicht eigentlich bekannt. Was ich kannte, das war ihr Haus, vielmehr das Äußere ihres Hauses, mit dem steilen Aufstieg, dessen Pflastersteine wenig Sonne sahen und immer etwas feucht und finster waren. Da war die offenstehende Werkstatt, manchmal sah man hinten durch ihre Schwärze ein kleines Schmiedefeuer sprühen und hörte den schönen vollen Ton des Ambosses, und außen am Hause standen Bündel von dünnen Eisenstangen schräg angelehnt, so wie beim Wagner die geschälten Eschenstämme standen, und es roch hier winklig und streng, etwas nach Feuchte und Stein, etwas nach Ruß und Eisen, und etwas nach Haarwasser und Pomade, von dem kleinen Friseurladen her, der etwas tiefer daneben lag, und wo ich alle Halbjahr das Haar geschoren bekam.

Weiter kannte ich von den Mohrs die drei Söhne. Sie galten alle für gescheit und aufgeweckt, einer war schon in einer Lehre oder studierte, der zweite, ein Jahr älter als ich, ging gleich mir in die Lateinschule, und der dritte, Hermann, der Mohrle, gehörte, noch ehe ich ihn kannte, für mich mit zum Anblick des Hauses, denn selten kam ich dort vorüber, ohne ihn sitzen und irgendwelche Kunstwerke verfertigen zu sehen, er saß entweder hoch über der finsteren Gasse, auf der Mauerbrüstung neben seiner Haustür, oder auch ein Stockwerk höher am Fenster, ein kleiner, sehr blasser, zart und kränklich aussehender Knabe, mehrere Jahre jünger als ich. Und dieser Mohrle galt für noch begabter und merkwürdiger als seine großen Brüder, er schien immer zu Hause zu sitzen und immer allein zu sein, und war jederzeit mit zarten, sinnreichen Handarbeiten beschäftigt. Namentlich tat er sich als Zeichner hervor, er galt für ein Wunderkind, und man sprach in der Nachbarschaft mit Respekt von ihm, obwohl er noch in einer der ersten Schulklassen war. In der Schule wußte man damals nichts von Zeichnen, er hatte sich ohne Lehrer und Vorbild auf diese Kunst geworfen, und was ich davon zu sehen bekam, weckte jedesmal meine Bewunderung und auch meinen Neid. Manchmal brachte sein Bruder eine Zeichnung von ihm mit in die Schule und zeigte sie herum, und alle bewunderten sie, und wenn ich ihn auf der Gassenmauer oder oben im Eckfenster sitzen und zeichnen sah, dann hatte ich nicht das Zutrauen, hinaufzugehen, mich hinter ihn zu stellen und ihm zuzusehen, wie ich es allzu gern gemacht hätte, sondern es schien mir richtig und geboten, die einsame Arbeitsamkeit des Wunderkindes zu achten und seine Stille nicht durch Neugierde zu stören. Wäre er nicht gar so klein gewesen, so hätte ich versucht, ihn zu meinem Freund zu machen. Aber er war vier, fünf Jahre jünger als ich, und mochte er auch ein Genie sein, so verbot es mir doch meine Schülerehre, mich näher mit einem so Kleinen einzulassen. Dennoch liebte ich ihn und blickte gern hinüber, wenn er so schmächtig und gebückt vor seinem Hause saß und an einer Zeichnung strichelte oder eine seiner vielen erfinderischen Arbeiten auf den Knien liegen hatte, etwa das Speichenrad einer kleinen Hammermühle, den Rumpf eines Segelschiffes aus Tannenrinde oder die Hülse einer Schlüsselbüchse. Während wir anderen in Haufen durch die Gassen sprangen, spielten, Lärm machten und viele Streiche verübten, führte der bleiche, kleine Wundermann abseits mit Griffel, Bleistift, Hammer oder Schnitzmesser sein besonderes und abgetrenntes Leben, zufrieden, fleißig und nachdenklich wie ein Alter.

Vielleicht war der kleine Knabe sehr frühreif und war in seiner Seele schon der Leiden und tiefen Wonnen fähig, welche in jungen Jahren dem Künstler seine noch unerprobten Kräfte bescheren, und vielleicht glaubte er an eine glänzende Zukunft, denn trotz seiner Kränklichkeit und Einsamkeit schien er uns und unsere Spiele weder zu beneiden noch zu entbehren, er war zufrieden. Etwas später, als in mir die erste Leidenschaft für die Studien und für die Dichtkunst wach wurde, dachte ich manchmal an ihn, und wäre jetzt vielleicht wirklich sein Freund geworden, aber da war er schon nicht mehr da.

Bald nämlich umgab sich der Mohrle mit einem noch tieferen Geheimnis und entrückte sich unserem Umgang und Verständnis noch völliger. Er sollte nicht die Kämpfe und Enttäuschungen erleben, die auf seinesgleichen warten; er sollte auch nicht an jenen Scheideweg kommen, vor den jeder Künstler einmal gestellt wird, wo es zu wählen gilt zwischen Vorteil und Kunst, zwischen Bequemlichkeit und Kunst, zwischen Treue und Verrat, und wo die meisten untreu werden. Das blieb ihm alles erspart.

Eines Tages fehlte der Mohrle in der Schule, andern Tages fehlte auch sein Bruder, und am nächsten Tag hörte ich, daß er gestorben sei. Die Nachricht bewegte mich wunderlich.

Und dann traf ich auf der Gasse seinen Bruder und war sehr in Verlegenheit, was ich zu ihm sagen solle. Er war nur ein Jahr älter als ich, aber viel reifer und fertiger, ein geschickter und etwas flotter Knabe, und mir zwar nicht an »Kinderstube«, aber an Auftreten und Anpassung weit überlegen.

»Dein Bruder ist ja gestorben«, sagte ich zögernd. »Ist es denn wahr?«

Er erzählte mir, was für eine Krankheit er gehabt habe und wie und warum er gestorben sei, es waren Ausdrücke, die ich alle nicht verstand.

Und zuletzt sagte er etwas, was mich bis ins Herz hinein erschreckte und beängstigte. Er sagte: »Willst du hinaufkommen und ihn sehen?«

Er sagte es in einem Ton, aus dem ich erfuhr, daß er mir damit eine Artigkeit und Ehre erweisen wolle. Ach, aber ich wäre am liebsten auf- und davongelaufen, ich hatte noch niemals einen Toten gesehen und begehrte auch nicht danach. Aber vor dem Blick des älteren Knaben schämte ich mich, ängstlich oder wehleidig zu scheinen, ich durfte und wollte nicht nein sagen, es hätte ihn vielleicht auch beleidigt, und so ging ich schweigend mit. Ich folgte ihm wie ein Verurteilter über die Gasse und am Brunnen und Friseurladen vorbei, die schlüpfrigen Pflastersteine hinan, ins Haus und die steile Treppe empor. Das Herz stand mir still vor Angst, und zugleich spürte ich eine grausige Neugierde, es drang lauter Neues, Feindliches, Wildes auf mich ein, aus den kühlen Worten des Bruders, aus dem Knarren der Treppendielen und am meisten aus dem Geruch, von dem ich nicht wußte, ob er immer in diesem Hause sei, oder ob er von einer Arznei herkomme, oder ob es der Geruch des Todes sei. Es war kein heftiger Geruch, er war herb, essigartig und zog die Kehle etwas zusammen, es schien mir ein fataler, ein böser, liebloser, vernichtender Geruch zu sein, ich roch alles darin voraus, was ich über den Tod und das Sterben noch nicht wußte. Ich ging immer langsamer, die letzten Stufen der Treppe machten mir große Mühe.

Jetzt öffnete Mohrles Bruder leise eine Stubentür, und hinter ihm, von der bösen Macht gezogen, trat ich in die Kammer, wo der kleine Tote aufgebettet lag. Da blieben wir stehen, und der Bruder hatte auf einmal Tränen in den Augen, wollte es verbergen, gab es dann aber auf, und bald lächelte er wieder ein wenig. Ich stand und starrte auf das tote Kind, noch nie hatte ich so etwas gesehen. Das Körperchen sah unscheinbar aus, so dürftig und flach, und vom Gesicht war die untere Hälfte ebenfalls traurig, kümmerlich anzusehen, uralt und zugleich doch kinderhaft. Aber auf Nase und Stirn und Augenlidern lag etwas Schönes und Würdiges, über dem weißen, faden Wachs der starren Haut schimmerte es magisch beseelt. Die feinen, alabasternen Schläfen, bläulich unterlaufen, und die Stirnwölbung hatten ein wunderliches Licht, das ich anstarrte, ohne zu wissen, ob es mich anziehe oder abstoße.

Zu Ehren des Toten waren nebenan auf einem Tische einige Zeichnungen von ihm aufgelegt. Ehe ich sie betrachtete, blickte ich noch einmal scheu auf die weißen, kleinen Knochenhändchen, die diese Striche noch vor Tagen gezogen hatten. Ich brachte es nicht fertig, die Blätter anzufassen, so wenig wie ich den Toten selbst hätte berühren können. Das Ganze, was ich da erlebte, war ein schreckliches Gemisch von Größe und Widrigkeit, von Anklang an Gott und Ewigkeit und elendem Los der Kreatur, es schmeckte bitter und giftig, man konnte es nicht lange ertragen. Die Zeichnungen lenkten ab, ich blieb eine Weile vor ihnen stehen. Es war eine geharnischte Germania auf einem der Blätter gezeichnet, auf einem anderen eine romantische

Schloßruine im Wald, aber ich hatte jetzt wenig Aufmerksamkeit für sie, sie waren wertlos geworden, man würde sie aufbewahren und zeigen, und dann vergessen.

Ich lief nach Hause, sobald ich mich hatte losmachen können, es war Abend, ich ging in den Garten, ich roch an den Kapuzinern und Levkojen, um den Todesgeruch loszuwerden, und hatte, bis es nach Tagen verklungen war, ein Gefühl, wie wenn etwas Kleines, ein Zahn oder Knöchlein, in meinem Leibe morsch geworden und ins Bröckeln geraten wäre. Plötzlich aber gelang es mir, das ganze Erlebnis für eine lange Zeit vollkommen zu vergessen. (*1901*)

Unterbrochene Schulstunde

Es scheint, als müsse ich in meinen späten Tagen nicht nur, wie alle alten Leute, mich wieder den Erinnerungen aus den Kinderjahren zuwenden, sondern als müsse ich auch, zur Strafe gewissermaßen, die fragwürdige Kunst des Erzählens noch einmal mit umgekehrten Vorzeichen ausüben und abbüßen. Das Erzählen setzt Zuhörer voraus und fordert vom Erzähler eine Courage, welche er nur aufbringt, wenn ihn und seine Zuhörer ein gemeinsamer Raum, eine gemeinsame Gesellschaft, Sitte, Sprache und Denkart umschließt. Die Vorbilder, die ich in meiner Jugend verehrte (und heute noch verehre und liebe), vor allem den Erzähler der Seldwyler Geschichten, haben mich damals lange Zeit in dem frommen Glauben unterstützt, daß auch mir diese Zugehörigkeit und Gemeinsamkeit angeboren und überkommen sei, daß auch ich, wenn ich Geschichten erzählte, mit meinen Lesern eine gemeinsame Heimat bewohne, daß ich für sie auf einem Instrumente und nach einem Notensystem musiziere, das ihnen wie mir vollkommen vertraut und selbstverständlich sei. Da waren Hell und Dunkel, Freude und Trauer, Gut und

Böse, Tat und Leiden, Frömmigkeit und Gottlosigkeit zwar nicht ganz so kategorisch und grell voneinander getrennt und abgehoben wie in den moralischen Erzählungen der Schul- und Kinderbücher, es gab Nuancen, es gab Psychologie, es gab namentlich auch Humor, aber es gab nicht den grundsätzlichen Zweifel, weder am Verständnis der Zuhörer noch an der Erzählbarkeit meiner Geschichten, welche denn auch meist ganz artig abliefen mit Vorbereitung, Spannung, Lösung, mit einem festen Gerüst von Handlung, und mir und meinen Lesern beinah ebensoviel Vergnügen machten wie das Erzählen einst dem großen Meister von Seldwyla und das Zuhören seinen Lesern gemacht hatte. Und nur sehr langsam und widerwillig kam ich mit den Jahren zur Einsicht, daß meine Art zu leben und meine Art zu erzählen einander nicht entsprachen, daß ich dem guten Erzählen zuliebe die Mehrzahl meiner Erlebnisse und Erfahrungen mehr oder weniger vergewaltigt hatte, und daß ich entweder auf das Erzählen verzichten oder mich entschließen müsse, statt eines guten ein schlechter Erzähler zu werden. Die Versuche dazu, etwa von Demian bis zur Morgenlandfahrt, führten mich denn auch immer mehr aus der guten und schönen Tradition des Erzählens hinaus. Und wenn ich heute irgendein noch so kleines, noch so gut isoliertes Erlebnis aufzuzeichnen versuche, dann rinnt mir alle Kunst unter den Händen weg, und das Erlebte wird auf eine beinah gespenstische Weise vielstimmig, vieldeutig, kompliziert und undurchsichtig. Ich muß mich darein ergeben, es sind in den letzten Jahrzehnten größere und ältere Werte und Kostbarkeiten als nur die Erzählkunst fragwürdig und zweifelhaft geworden.

In unserm wenig geliebten Klassenzimmer der Calwer Lateinschule saßen wir Schüler eines Vormittags über einer schriftlichen Arbeit. Es war in den ersten Tagen nach längeren Ferien, kürzlich erst hatten wir unsere blauen Zeugnishefte abgeliefert, die unsere Väter hatten unterschreiben müssen, wir waren noch nicht so recht wieder an die Gefangenschaft und Langeweile gewöhnt und empfanden sie darum stärker. Auch der Lehrer, ein Mann von noch längst nicht vierzig Jahren, der uns Elf- und Zwölfjährigen aber uralt erschien, war eher gedrückt als schlechter Laune, wir sahen ihn auf seinem erhöhten Thron sitzen, gelben Gesichtes, über Hefte gebeugt, mit leidenden Zügen. Er lebte, seit ihm seine junge Frau gestorben war, mit einem einzigen Söhnchen allein, einem blassen Knaben mit hoher Stirn und blauwäßrigen Augen. Angestrengt und unglücklich saß der ernste Mann in seiner erhabenen Einsamkeit, geachtet, aber auch gefürchtet; wenn er ärgerlich oder gar zornig war, konnte ein Strahl höllischer Wildheit die klassische Humanistenhaltung durchbrechen und Lügen strafen. Es war still in der nach Tinte, Knaben und Schuhleder riechenden Stube, nur selten gab es ein erlösendes Geräusch: das Klatschen eines fallenge-

lassenen Buches auf dem staubigen Tannenbretterbo-
den, das Flüstern eines heimlichen Zwiegesprächs, das
kitzelnde, zum Umschauen nötigende Keuchen eines
mühsam gedämmten Lachens, und jedes solche Geräusch wurde vom Thronenden wahrgenommen und sofort zur Ruhe gebracht, meistens nur durch einen Blick,
ein Warnen des Gesichtes mit vorgerecktem Kinn oder
einen drohend erhobenen Finger, zuweilen durch ein
Räuspern oder ein kurzes Wort. Zwischen Klasse und
Professor herrschte an jenem Tage, Gott sei Dank,
nicht gerade eine Gewitterstimmung, aber doch jene
gelinde Spannung der Atmosphäre, aus der dies und
jenes Überraschende und vermutlich Unerwünschte
entstehen kann. Und ich wußte nicht recht, ob dies mir
nicht lieber war als die vollkommenste Harmonie und
Ruhe. Es war vielleicht gefährlich, es konnte vielleicht
etwas geben, aber am Ende lauerten wir Knaben, namentlich während einer solchen schriftlichen Arbeit,
auf nichts so begierig als auf Unterbrechungen und
Überraschungen, seien sie wie immer geartet, denn
die Langeweile und die unterdrückte Unruhe in den
allzu lang und streng zum Stillsitzen und Schweigen
gezwungenen Knaben war groß.

Was für eine Arbeit es gewesen sei, mit der unser
Lehrer uns beschäftigte, während er hinter der bretter-
nen Verschanzung seines Hochsitzes sich mit Amtsge-
schäften befaßte, weiß ich nicht mehr. Auf keinen Fall
war es Griechisch, denn es war die ganze Klasse bei-

sammen, während in den Griechischstunden nur wir vier oder fünf »Humanisten« dem Meister gegenübersaßen. Es war das erste Jahr, in dem wir Griechisch lernten, und die Abtrennung von uns »Griechen« oder »Humanisten« von der übrigen Schulklasse hatte dem ganzen Schulleben eine neue Note gegeben. Einerseits fanden wir paar Griechen, wir künftigen Pfarrer, Philologen und anderen Akademiker, uns schon jetzt vom großen Haufen der künftigen Gerber, Tuchmacher, Kaufleute oder Bierbrauer abgehoben und gewissermaßen ausgezeichnet, was eine Ehre und einen Anspruch und Ansporn bedeutete, denn wir waren die Elite, die für Höheres als Handwerk und Geldverdienen Bestimmten, doch hatte diese Ehre wie billig auch ihre bedenkliche und gefährliche Seite. Wir wußten in ferner Zukunft Prüfungen von sagenhafter Schwere und Härte auf uns warten, vor allem das gefürchtete Landexamen, in dem die humanistische Schülerschaft des ganzen Schwabenlandes zum Wettkampf nach Stuttgart einberufen wurde und dort in mehrtägiger Prüfung die engere und wirkliche Elite auszusieben hatte, ein Examen, von dessen Ergebnis für die Mehrzahl der Kandidaten die ganze Zukunft abhing, denn von jenen, welche diese enge Pforte nicht passierten, waren die meisten damit auch zum Verzicht auf das geplante Studium verurteilt. Und seit ich selber zu den Humanisten, zu den vorläufig für die Elite in Aussicht genommenen und vorgemerkten Schülern gehörte, war mir schon mehrmals, angeregt vermutlich durch Gespräche meiner älteren Brüder, der Gedanke gekommen, daß es für einen Humanisten, einen Berufenen, aber längst noch nicht Auserwählten, recht peinlich und bitter sein müsse, seinen Ehrentitel wieder abzulegen und die letzte und oberste Klasse unserer Schule wieder als Banause zwischen den vielen andern Banausen abzusitzen, herabgesunken und ihresgleichen geworden.

Wir paar Griechen also waren seit dem Beginn des Schuljahres auf diesem schmalen Pfad zum Ruhm und damit in ein neues, viel intimeres und damit auch viel heikleres Verhältnis zum Klassenlehrer gekommen. Denn er gab uns die Griechisch-Stunden, und da saßen nun wir wenigen nicht mehr innerhalb der Klasse und Masse, die als Ganzes der Macht des Lehrers wenigstens ihre Quantität entgegenzusetzen hatte, sondern einzeln, schwach und exponiert dem Manne gegenüber, der nach kurzer Zeit jeden von uns sehr viel genauer kannte als alle übrigen Klassenkameraden. Uns gab er in diesen oft erhebenden und noch öfter schrecklich bangen Stunden sein Bestes an Wissen, an Überwachung und Sorgfalt, an Ehrgeiz und Liebe, aber auch an Laune, Mißtrauen und Empfindlichkeit; wir waren die Berufenen, waren seine künftigen Kollegen, waren die zum Höheren bestimmte kleine Schar der Begabteren oder Ehrgeizigeren, uns galt mehr als der ganzen übrigen Klasse seine Hingabe und seine Sorge, aber von uns erwartete er auch ein Mehrfaches an Aufmerksamkeit, Fleiß und Lernlust, und auch ein Mehrfaches an Verständnis für ihn selbst und seine Aufgabe. Wir Humanisten sollten nicht Allerweltsschüler sein, die sich vom Lehrer in Gottes Namen bis zum vorgeschriebenen Mindestmaß an Schulbildung schleppen und zerren ließen, sondern strebsame und dankbare Mitgänger auf dem steilen Pfad, unsrer auszeichnenden Stellung im Sinne einer hohen Verpflichtung bewußt. Er hätte sich Humanisten gewünscht, die ihm die Aufgabe gestellt hätten, ihren brennenden Ehrgeiz und Wissensdurst beständig zu zügeln und zu bremsen, Schüler, welche jeden kleinsten Bissen der Geistesspeise mit Heißhunger erwarteten und aufnahmen und alsbald in neue geistige Energien verwandelten. Ich weiß nun nicht, wieweit etwa der eine oder andere meiner paar Mitgriechen diesem Ideal zu entsprechen gewillt und veranlagt gewesen ist, doch nehme ich an, es werde den andern nicht viel anders gegangen sein als mir, und sie werden zwar aus ihrem Humanistentum einen gewissen Ehrgeiz ebenso wie einen gewissen Standesdünkel gezogen, sie werden sich als etwas Besseres und Kostbareres empfunden und aus diesem Hochmut in guten Stunden auch eine gewisse Verpflichtung und Verantwortung entwickelt haben; alles in allem aber waren wir eben doch elf- bis zwölfjährige Schulknaben und vorläufig von unseren nichthumanistischen Klassenbrüdern äußerst wenig verschieden, und keiner von uns stolzen Griechen hätte, vor die Wahl zwischen ei-

nem freien Nachmittag und einer griechischen Extra-
lektion gestellt, einen Augenblick gezögert, sondern
sich entzückt für den freien Nachmittag entschieden.
Ja, das hätten wir ohne Zweifel getan – und dennoch
war etwas von jenem Andern in unseren jungen Seelen
auch vorhanden, etwas von dem, was der Professor
von uns so sehnlich und oft so ungeduldig erwartete
und forderte. Was mich anging, so war ich nicht klüger
als andere und nicht reifer als meine Jahre, und mit weit
weniger als dem Paradies eines freien Nachmittags hätte
man mich leicht von Kochs griechischer Grammatik
und dem Würdegefühl des Humanisten weglocken können – und dennoch war ich zuzeiten und in gewissen
Bezirken meines Wesens auch ein Morgenlandfahrer
und Kastalier und bereitete mich unbewußt darauf vor,
Mitglied und Historiograph aller platonischen Akade-
mien zu werden. Manchmal, beim Klang eines griechischen Wortes oder beim Malen griechischer Buchstaben
in meinem von des Professors unwirschen Korrektu-
ren durchpflügten Schreibheft empfand ich den Zauber
einer geistigen Heimat und Zugehörigkeit und war
ohne alle Vorbehalte und Nebengelüste willig, dem
Ruf des Geistes und der Führung des Meisters Folge zu
leisten. Und so wohnte unserem dummstolzen Elite-
gefühl ebenso wie unserer tatsächlichen Herausgehoben-
heit, wohnte unserer Isolierung und unserem bangen
Ausgeliefertsein an den so oft gefürchteten Scholar-
chen eben doch ein Strahl echten Lichtes, eine Ahnung

echter Berufung, ein Anhauch echter Sublimierung inne.

Augenblicklich freilich, in dieser unfrohen und langweiligen Schulmorgenstunde, da ich über meine längst fertige Schreibarbeit hinweg den kleinen geduckten Geräuschen des Raumes und den fernen, heiteren Tönen der Außenwelt und Freiheit lauschte: dem Flügelknattern eines Taubenfluges, dem Krähen eines Hahnes etwa oder dem Peitschenknall eines Fuhrmanns, sah es nicht so aus, als hätten jemals gute Geister in dieser niederen Stube gewaltet. Eine Spur von Adel, ein Strahl von Geist weilte einzig über dem etwas müden und sorgenvollen Gesicht des Professors, den ich heimlich mit einer Mischung von Teilnahme und schlechtem Gewissen beobachtete, stets bereit, seinem sich etwa erhebenden Blick mit dem meinen rechtzeitig auszuweichen. Ohne mir eigentlich Gedanken dabei zu machen, und ohne Absichten irgendwelcher Art, war ich nur dem Schauen hingegeben, der Aufgabe, dieses unschöne, aber nicht unedle Lehrergesicht meinem Bilderbuch einzuverleiben, und es ist denn auch über sechzig Jahre hinweg darin erhalten geblieben: der dünne strähnige Haarschopf über der fahlen scharfkantigen Stirn, die etwas welken Lider mit spärlichen Wimpern, das gelblich-blasse, hagere Gesicht mit dem höchst ausdrucksvollen Mund, der so klar zu artikulieren und so resigniert-spöttisch zu lächeln verstand, und dem energischen, glattrasierten Kinn. Das Bild blieb mir eingeprägt, eines von vielen, es ruhte Jahre und Jahrzehnte unbenützt in seinem raumlosen Archiv und erwies sich, wenn seine Stunde einmal wieder kam und es angerufen wurde, jedesmal als vollkommen gegenwärtig und frisch, als wäre vor einem Augenblick und Liderblinzeln noch sein Urbild selbst vor mir gestanden. Und indem ich, den Mann auf dem Katheder beobachtend, seine leidenden und von Leidenschaftlichkeit durchzuckten, aber von geistiger Arbeit und Zucht beherrschten Züge in mich aufnahm und in mir zum langdauernden Bilde werden ließ, war die öde Stube doch nicht so öde und die scheinbar leere und langweilige Stunde doch nicht so leer und langweilig. Seit vielen Jahrzehnten ist dieser Lehrer unter der Erde, und wahrscheinlich bin von den Humanisten jenes Jahrgangs ich der einzige noch lebende und der, mit dessen Tod erst dieses Bildnis für immer auslöschen wird. Mit keinem meiner Mitgriechen, deren Kamerad ich damals nur kurze Zeit gewesen bin, hat mich Freundschaft verbunden. Von einem weiß ich nur, daß er längst nicht mehr lebt, von einem andern, daß er im Jahre 1914 im Kriege umgekommen ist. Und von einem dritten, einem, den ich gern mochte und dem einzigen von uns, der unser aller damaliges Ziel wirklich erreicht hat und Theologe und Pfarrer geworden ist, erfuhr ich später Bruchstücke seines merkwürdigen und eigensinnigen Lebenslaufes: er, der die Muße jeder Arbeit vorzog und viel Sinn für die kleinen sinnlichen Genüsse des

Lebens hatte, wurde als Student von seinen Verbindungsbrüdern »die Materie« genannt, er blieb unvermählt, brachte es als Theologe bis zu einer Dorfpfarre, war viel auf Reisen, wurde beständiger Versäumnisse in seinem Amte bezichtigt, ließ sich noch bei jungen und gesunden Jahren in den Ruhestand versetzen und lag seiner Pensionsansprüche wegen lange mit der Kirchenbehörde im Prozeß, begann an Langeweile zu leiden (er war schon als Knabe außerordentlich neugierig gewesen) und bekämpfte sie teils durch Reisen, teils durch die Gewohnheit, täglich einige Stunden als Zuhörer in den Gerichtssälen zu sitzen, und hat sich, da er die Leere und Langeweile dennoch immer mehr wachsen sah, als beinahe Sechzigjähriger im Neckar ertränkt.

Ich erschrak und senkte wie ertappt den auf des Lehrers Schädel ruhenden Blick, als dieser sein Gesicht erhob und über die Klasse weg spähte.

»Weller« hörten wir ihn rufen, und gehorsam stand hinten in einer der letzten Bänke Otto Weller auf. Wie eine Maske schwebte sein großes rotes Gesicht über den Köpfen der andern.

Der Professor winkte ihn zu sich an den Katheder, hielt ihm ein blaues kleines Heft vors Gesicht und stellte ihm leise ein paar Fragen. Weller antwortete ebenfalls flüsternd und sichtlich beunruhigt, mir schien, er verdrehe die Augen ein wenig, und das gebe ihm ein bekümmertes und ängstliches Aussehen, woran wir bei ihm nicht gewöhnt waren. Er war eine gelassene Natur und stak in einer Haut, an welcher vieles ohne Schaden ablief, was anderen schon wehtat. Übrigens war es ein eigentümliches und unverwechselbares Gesicht, dem er jetzt diesen sorgenvollen Ausdruck gab, ein ganz unverwechselbares und für sich ebenso unvergeßliches Gesicht wie das meines ersten Griechischlehrers. Es waren damals manche Mitschüler meiner Klasse, von denen weder Gesicht noch Namen eine Spur in mir hinterlassen haben; ich wurde ja auch schon im nächsten Jahr in eine andere Stadt und Schule geschickt. Das Gesicht Otto Wellers aber kann ich mir in vollkommener Deutlichkeit noch heute vergegenwärtigen. Es fiel, wenigstens zu jener Zeit, vor allem durch seine Größe auf, es war nach den Seiten und nach unten hin vergrößert, denn die Partien unterhalb der Kinnbacken waren stark geschwollen und diese Geschwulst machte das Gesicht um vieles breiter, als es sonst gewesen wäre. Ich erinnere mich, daß ich, von dieser Erscheinung beunruhigt, ihn einmal gefragt habe, was denn eigentlich mit seinem Gesicht los sei, und erinnere mich seiner Antwort: »Das sind die Drüsen, weißt du. Ich habe Drüsen.« Nun, auch von diesen Drüsen abgesehen war Wellers Gesicht recht malerisch, es war voll und kräftig rot, die Haare dunkel, die Augen gutmütig und die Bewegungen der Augäpfel sehr langsam, und dann hatte er einen Mund, der trotz seiner Röte dem einer alten Frau glich. Vermutlich der Drüsen wegen hielt er das Kinn etwas gehoben, so daß man den ganzen Hals sehen konnte; diese Haltung trug dazu bei, die obere Gesichtshälfte zurückzudrängen und beinahe vergessen zu lassen, während die vergrößerte untere trotz des vielen Fleisches zwar vegetativ und ungeistig, aber wohlwollend, behaglich und nicht unliebenswürdig aussah. Mir war er mit seinem breiten Dialekt und gutartigen Wesen sympathisch, doch kam ich nicht sehr viel mit ihm zusammen; wir lebten in verschiedenen Sphären: in der Schule gehörte ich zu den Humanisten und hatte meinen Sitz nahe dem Katheder, während Weller zu den vergnügten Nichtstuern gehörte, die ganz hinten saßen, selten eine Antwort auf Lehrerfragen wußten, häufig Nüsse, gedörrte Birnen und dergleichen aus den Hosentaschen zogen und verzehrten und durch ihre Passivität ebenso wie durch unbeherrschtes Schwatzen und Kichern nicht selten dem Lehrer lästig wurden. Und auch außerhalb der Schule gehörte Otto Weller einer anderen Welt zu als ich, er wohnte draußen in der Nähe des Bahnhofs, weit von meiner Gegend entfernt, und sein Vater war Eisenbahner, ich kannte ihn nicht einmal vom Sehen.

Otto Weller wurde nach kurzem Geflüster wieder an seinen Platz zurückgeschickt, erschien unzufrieden und bedrückt. Der Professor aber war aufgestanden, er hielt jenes kleine dunkelblaue Heft in der Hand und blickte suchend durch die ganze Stube. Auf mir blieb sein Blick haften, er kam auf mich zu, nahm mein Schreibheft, betrachtete es und fragte: »Du bist mit deiner Arbeit fertig?« Und als ich ja gesagt hatte, winkte er mir, ihm zu folgen, ging zur Tür, die er zu meiner Verwunderung öffnete, winkte mich hinaus und schloß die Tür hinter uns wieder.

»Du kannst mir einen Auftrag besorgen«, sagte er und übergab mir das blaue Heft. »Hier ist das Zeugnisheft von Weller, das nimmst du und gehst damit zu seinen Eltern. Dort sagst du, ich lasse fragen, ob die Unterschrift unter Wellers Zeugnis wirklich von der Hand seines Vaters sei.«

Ich schlüpfte hinter ihm nochmals ins Schulzimmer zurück und holte meine Mütze vom hölzernen Rechen, steckte das Heft in die Tasche und machte mich auf den Weg.

Es war also ein Wunder geschehen. Es war, mitten während der langweiligen Stunde, dem Professor eingefallen, mich spazieren zu schicken, in den schönen lichten Vormittag hinaus. Ich war benommen vor Überraschung und Glück; nichts Erwünschteres hätte ich mir denken können. In Sprüngen nahm ich die beiden Treppen mit den tief ausgetretenen fichtenen Stufen, hörte aus einem der anderen Schulräume die eintönige, diktierende Stimme eines Lehrers schallen, sprang durchs Tor und die flachen Sandsteinstufen hinab und schlenderte dankbar und glücklich in den hübschen Morgen hinein, der eben noch so ermüdend lang und leer geschienen hatte. Hier draußen war er es nicht, hier war weder von der Öde noch von den geheimen Spannungen etwas zu spüren, die im Klassenzimmer den Stunden das Leben aussog und sie so erstaunlich in die Länge zog. Hier wehte Wind und flogen eilige Wolkenschatten über das Pflaster des breiten Marktplatzes, Taubenschwärme erschreckten kleine Hunde und brachten sie zum Bellen, Pferde standen vor Bauernwagen gespannt, hatten eine hölzerne Krippe vor sich stehen und fraßen Heu, die Handwerker waren an der Arbeit oder unterhielten sich durch ihre niedrig gelegenen Werkstättenfenster mit der Nachbarschaft. Im kleinen Schaufenster der Eisenhandlung lag immer noch die derbe Pistole mit dem blaustählernen Lauf, die zweieinhalb Mark kosten sollte und mir seit Wochen in die Augen stach. Verlockend und schön war auch die Obstbude der Frau Haas auf dem Markt und der winzige Spielzeugladen des Herrn Jenisch, und nebenan blickte aus dem offenen Werkstattfenster das weißbärtige und rotleuchtende Gesicht des Kupferschmiedes, wetteifernd an Glanz und Röte mit dem blanken Metall des Kessels, an dem er hämmerte. Dieser stets muntere und stets neugierige alte Mann ließ selten jemand an seinem Fenster vorübergehen, ohne ihn anzusprechen oder mindestens einen Gruß mit ihm zu tauschen. Auch mich sprach er an: »Ja, ist denn eure Schule schon aus?« und als ich ihm erzählt hatte, daß ich einen Auftrag meines Lehrers zu besorgen habe, riet er mir verständnisvoll: »Na, dann pressier du nur nicht zuviel, der Vormittag ist noch lang.« Ich folgte seinem Rat und blieb eine gute Weile auf der alten Brücke stehen. Auf die Brüstung gestützt, blickte ich ins still ziehende Wasser hinab und beobachtete ein paar kleine Barsche, die ganz tief, nah am Boden, scheinbar schlafend und regungslos am selben Fleck verweilten, in Wirklichkeit aber unmerklich die Plätze miteinander tauschten. Sie hielten die Mäuler nach unten gekehrt, den Boden absuchend, und wenn sie zuweilen wieder flach und unverkürzt zu erblicken waren, konnte ich auf ihren Rücken das helldunkle Streifenmuster erkennen. Über das nahe Wehr rann mit sanftem helltönigem Rauschen das Wasser, weiter unten auf der Insel lärmten in Scharen die Enten, auf diese Entfernung tönte auch ihr Geschwader und Gequake sanft und eintönig und hatte gleich dem Strömen des Flusses übers Wehr jenen zauberischen Klang von Ewigkeit, in den man versinken und von dem man sich einschläfern und zudecken lassen konnte wie vom nächtlichen Sommerregenrauschen oder vom leisen dichten Sinken des Schneefalles. Ich stand und schaute, stand und lauschte, zum erstenmal an diesem Tage war ich für eine kleine Weile wieder in jener holden Ewigkeit, in der man von Zeit nichts weiß. Schläge der Kirchenuhr weckten mich. Ich schrak auf, fürchtete, viel Zeit vertan zu haben, erinnerte mich meines Auftrags. Und jetzt erst fing dieser Auftrag und was mit ihm zusammenhing meine Aufmerksamkeit und Teilnahme ein. Indem ich ohne weiteres Säumen der Bahnhofsgegend zustrebte, fiel mir Wellers unglückliches Gesicht wieder ein, wie er mit dem Professor geflüstert hatte, jenes Verdrehen der Augen und der Ausdruck seines Rückens und seines Ganges, wie er so langsam und wie geschlagen in seine Bank zurückgekehrt war.

Daß einer nicht zu allen Stunden derselbe sein, daß er manche Gesichter, mancherlei Ausdruck und Haltung haben könne, nun, das war nichts Neues, das wußte man längst und kannte es, an anderen wie an sich selber. Neu aber war, daß es diese Unterschiede, diesen wunderlichen und bedenklichen Wechsel zwischen Mut und Angst, Freude und Jammer auch bei ihm gab, bei dem guten Weller mit dem Drüsengesicht und den Hosentaschen voll Eßbarem, bei einem von jenen dort hinten in den letzten beiden Bänken, die sich so gar keine Schulsorgen zu machen und von der Schule nichts als ihre Langeweile zu fürchten schienen, einem von jenen im Lernen so gleichgültigen, mit den Büchern so unvertrauten Kameraden, die dafür, sobald es um Obst und Brot, Geschäfte und Geld und andere Angelegenheiten der Erwachsenen ging, uns andern so weit voraus und beinah schon selber wie Erwachsene waren – das beunruhigte mich nun, indem ich meine Gedanken damit beschäftigte, recht sehr.

Ich erinnerte mich einer seiner sachlichen und lakonischen Mitteilungen, mit der er mich noch vor kurzem überrascht und beinah in Verlegenheit gebracht hatte. Es war auf dem Weg zur Bachwiese, wo wir im Schwarm der Kameraden eine kleine Strecke weit nebeneinander gingen. Das Röllchen mit Handtuch und Badehose unter den Arm geklemmt, schritt er in seiner gelassenen Weise neben mir, und plötzlich blieb er eine Sekunde stehen, wandte mir sein großes Gesicht zu und sagte die Worte: »Mein Vater verdient sieben Mark am Tag.«

Ich hatte bisher von niemandem gewußt, wieviel er am Tag verdiene, und wußte auch nicht so recht, wieviel sieben Mark eigentlich seien, es schien mir immerhin eine recht schöne Summe, und er hatte sie auch mit einem Ton von Befriedigung und Stolz genannt. Aber da das Auftrumpfen mit irgendwelchen Zahlen und Größen eine der Spielarten im Unterhaltungston zwischen uns Schülern war, ließ ich, obwohl er vermutlich die Wahrheit gesagt hatte, mir nicht imponieren. Wie man einen Ball zurückschlägt, warf ich ihm meine Entgegnung hin und teilte ihm mit, daß mein Vater am Tag zwölf Mark verdiene. Das war gelogen, war frei erfunden, machte mir aber keine Skrupel, denn es war eine rein rhetorische Übung. Weller dachte einen Augenblick nach, und als er sagte: »Zwölf? Das ist bei Gott nicht schlecht!« ließ sein Blick und Ton es fraglich, ob er meine Auskunft ernst genommen habe oder nicht. Er bestand nicht darauf, mich zu entlarven, er ließ es gut sein, ich hatte da etwas behauptet, woran sich vielleicht zweifeln ließ, er nahm es hin und fand es keiner Auseinandersetzung wert, und damit war er wieder der Überlegene und Erfahrene, der Praktiker und beinah

Erwachsene, und ich erkannte das ohne Widerspruch an. Es war, als habe ein Zwanzigjähriger mit einem Elfjährigen gesprochen. Aber waren wir denn nicht beide elfjährig?

Ja, und noch eine andere seiner so erwachsen und sachlich hingesprochenen Mitteilungen fiel mir ein, die mich noch mehr erstaunt und bestürzt hatte. Sie bezog sich auf einen Schlossermeister, dessen Werkstatt nicht weit von meinem großväterlichen Hause entfernt lag. Dieser Mann hatte sich eines Tages, wie ich mit Entsetzen von den Nachbarn erzählen hörte, das Leben genommen, etwas, was in der Stadt seit manchen Jahren nicht vorgekommen und mir, wenigstens in solcher Nähe von uns, mitten zwischen den vertrauten lieben Umgebungen meines Knabenlebens, bisher völlig undenkbar gewesen war. Es hieß, er habe sich erhängt, doch wurde darüber noch gestritten, man wollte ein so seltenes und großes Ereignis nicht gleich registrieren und zu den Akten legen, sondern erst sein Grausen und Schaudern daran haben, und so wurde der arme Tote schon am ersten Tag nach seinem Ende von den Nachbarsfrauen, Dienstmägden, Briefträgern mit einem Sagenkreis umsponnen, von dem auch mich einige Strähnen erreichten. Andern Tages aber traf Weller mich auf der Straße, wie ich scheu nach dem Schlosserhause mit der verstummten und geschlossenen Werkstatt hinüberblickte, und fragte, ob ich wissen wolle, wie es der Schlosser gemacht habe. Dann gab er mir freundlich und mit einem überzeugenden Anschein von absolutem Wissen Auskunft: »Also, weil er doch Schlosser gewesen ist, hat er keinen Strick nehmen wollen, er hat sich an einem Draht aufgehängt. Er hat den Draht und Nägel und Hammer und Zange mitgenommen, ist den Teichelweg hinausgegangen, fast ganz bis zur Waldmühle, dort hat er den Draht zwischen zwei Bäumen gut festgemacht und sogar noch die übrigen Enden sorgfältig mit der Zange abgezwickt, und dann hat er sich an dem Draht aufgehängt. Wenn sich aber einer aufhängt, nicht wahr, dann hängt er sich meistens unten am Hals auf, und dann treibt es ihm die Zunge heraus, das sieht scheußlich aus, und das wollte er nicht haben. Also, was hat er getan? Er hat sich nicht unten am Hals aufgehängt, sondern ganz vorn beim Kinn, und darum hat ihm die Zunge nachher nicht herausgehangen. Aber blau im Gesicht ist er doch geworden.«

Und nun hatte dieser Weller, der so gut in der Welt Bescheid wußte und sich um die Schule so wenig kümmerte, offenbar eine schwere Sorge. Es bestand ein Zweifel, ob die Unterschrift seines Vaters unter dem letzten Zeugnis wirklich echt sei. Und da Weller so sehr bedrückt ausgesehen und bei seinem Rückweg durchs Schulzimmer einen so geschlagenen Ausdruck gehabt hatte, konnte man wohl annehmen, es habe mit jenem Zweifel seine Richtigkeit, und wenn dem so war, dann war es ja nicht nur ein Zweifel, sondern ein Verdacht oder eine Anklage, daß nämlich Otto Weller selbst seines

Vaters Namenszug nachzuahmen versucht habe. Erst jetzt, wo ich nach dem kurzen Freuden- und Freiheitsrausch wieder wach und zum Denken fähig geworden war, begann ich den gequälten und verdrehten Blick meines Kameraden zu verstehen und zu ahnen, daß da eine fatale und häßliche Geschichte spiele, ja ich begann zu wünschen, ich möchte lieber nicht der glückliche Auserwählte sein, den man während der Schulstunde spazieren geschickt hatte. Der heitere Vormittag mit seinem Wind und seinen jagenden Wolkenschatten und die heitere hübsche Welt, durch die ich spaziert war, hatten sich verändert, meine Freude sank und sank, und statt ihrer füllten die Gedanken an Weller und seine Geschichte mich aus, lauter unangenehme und traurigmachende Gedanken. War ich auch noch ohne Weltkenntnis und ein Kind neben Wellers sachlicher Erfahrenheit, so wußte ich doch, und zwar aus frommen moralischen Erzählungen für die reifere Jugend, daß das Fälschen einer Unterschrift etwas ganz Schlimmes, etwas Kriminelles war, eine jener Etappen auf dem Wege, der die Sünder ins Gefängnis und zum Galgen führte. Und doch war unser Schulkamerad Otto ein Mensch, den ich gern hatte, ein gutartiger und netter Kerl, den ich nicht für einen Verworfenen und zum Galgen Bestimmten halten konnte. Ich hätte dies und jenes dafür gegeben, wenn sich herausstellen würde, daß die Unterschrift echt und der Verdacht ein Irrtum sei. Aber hatte ich nicht sein bekümmert-erschrockenes

Gesicht gesehen, hatte er nicht recht deutlich merken lassen, daß er Angst und also ein schlechtes Gewissen habe?

Ich näherte mich schon, wieder ganz langsam gehend, jenem Hause, in dem lauter Leute von der Eisenbahn wohnten, als mir der Gedanke kam, ob ich nicht vielleicht etwas für Otto tun könne. Wenn ich nun, dachte ich, gar nicht in dieses Haus hineinginge, sondern in die Klasse zurück, und dem Professor melden würde, die Unterschrift sei in Ordnung? Kaum war mir der Einfall gekommen, da spürte ich schwere Beklemmungen: ich hatte mich selber in diese schlimme Geschichte eingeschaltet, ich würde, wenn ich meinem Einfall folgte, nicht mehr zufälliger Bote und Nebenfigur, sondern Mitspieler und Mitschuldiger sein. Ich ging immer langsamer, ging schließlich an dem Hause vorbei und langsam weiter, ich mußte Zeit gewinnen, ich mußte es mir noch überlegen. Und nachdem ich mir die rettende und edle Lüge, zu der ich schon halb entschlossen war, als wirklich ausgesprochen dachte und mich in ihre Folgen verstrickt hatte, sah ich ein, daß das über meine Kräfte gehe. Nicht aus Klugheit, aus Furcht vor den Folgen verzichtete ich auf die Rolle des Helfers und Retters. Ein zweiter, harmloserer Ausweg fiel mir noch ein: ich konnte umkehren und melden, daß bei Wellers niemand zu Hause gewesen sei. Aber siehe, auch zu dieser Lüge reichte mein Mut nicht aus. Der Professor würde mir zwar glauben, aber er würde fragen, warum ich dann so lange ausgeblieben sei. Betrübt und mit schlechtem Gewissen ging ich endlich in das Haus hinein, rief nach Herrn Weller und wurde von einer Frau in den oberen Stock gewiesen, dort wohnt Herr Weller, aber er sei im Dienst und ich werde nur seine Frau antreffen. Ich stieg die Treppe hinan, es war ein kahles und eher unfreundliches Haus, es roch nach Küche und nach einer scharfen Lauge oder Seife. Und oben fand ich richtig Frau Weller; sie kam aus der Küche, war eilig und fragte kurz, was ich wolle. Als ich aber berichtet hatte, daß der Klassenlehrer mich geschickt habe und es sich um Ottos Zeugnis handle, trocknete sie die Hände an ihrer Schürze ab und führte mich in die Stube, bot mir einen Stuhl an und fragte sogar, ob sie mir etwas vorsetzen könne, ein Butterbrot etwa oder einen Apfel. Ich hatte aber schon das Zeugnisheft aus der Tasche gezogen, hielt es ihr hin und sagte ihr, der Professor lasse fragen, ob die Unterschrift wirklich von Ottos Vater sei. Sie verstand nicht gleich, ich mußte es wiederholen, angestrengt hörte sie zu und hielt sich nun das aufgeschlagene Heft vor die Augen. Ich konnte sie mir in Muße ansehen, denn sie saß sehr lange Zeit regungslos, starrte in das Heft und sagte kein Wort. So betrachtete ich sie denn, und ich fand, daß ihr Sohn ihr sehr ähnlich sehe, nur die Drüsen fehlten. Sie war frisch und rot im Gesicht, aber während sie so saß, nichts sagte und das Büchlein in Händen hielt, sah ich dies Gesicht ganz langsam schlaff und müde, welk und alt werden, es dauerte Minuten, und als sie endlich das Ding in ihren Schoß sinken ließ und mich wieder ansah oder ansehen wollte, liefen ihr aus beiden weit offenen Augen still und stetig große Tränen herab. Während sie das Heft noch in Händen gehalten und sich den Anschein gegeben hatte, als studiere sie es, waren, wie ich zu wissen meinte, eben jene Vorstellungen vor ihr aufgetaucht und in traurigem und schrecklichem Zuge vor ihrem innern Blick vorbeigezogen, die auch mich heimgesucht hatten, die Vorstellungen vom Weg des Sünders ins Böse und vors Gericht, ins Gefängnis und zum Galgen.

Tief beklommen saß ich ihr, die für meinen Kinderblick eine alte Frau war, gegenüber, sah die Tränen über ihre roten Backen laufen und wartete, ob sie etwas sagen würde. Das lange Schweigen war so schwer zu ertragen. Sie sagte aber nichts. Sie saß und weinte, und als ich, da ich es nicht mehr aushielt, endlich selbst das Schweigen durchbrach und nochmals fragte, ob Herr Weller seinen Namen selbst in das Heft geschrieben habe, machte sie ein noch mehr bekümmertes und trauriges Gesicht und schüttelte mehreremal den Kopf. Ich stand auf, und auch sie erhob sich, und als ich ihr die Hand hinreichte, nahm sie sie und hielt sie eine Weile in ihren kräftigen warmen Händen. Dann nahm sie das unselige blaue Heft, wischte ein paar Tränen von ihm ab, ging zu einer Truhe, zog eine Zeitung daraus hervor, riß sie in zwei Stücke, legte eines in die

Truhe zurück und machte aus dem andern säuberlich einen Umschlag um das Heft, das ich nicht wieder in meine Jackentasche zu stecken wagte, sondern sorgfältig in der Hand davontrug.

Ich kehrte zurück und sah unterwegs weder Wehr noch Fische, weder Schaufenster noch Kupferschmied, stattete meinen Bericht ab, war eigentlich enttäuscht darüber, daß mir mein langes Ausbleiben nicht vorgeworfen wurde, denn das wäre in Ordnung gewesen und hätte mir eine Art von Trost bedeutet, so als würde ich zu einem kleinen Teil mitbestraft, und habe mir in der folgenden Zeit alle Mühe gegeben, diese Geschichte zu vergessen.

Ob und wie mein Mitschüler bestraft wurde, habe ich nie erfahren, wir beide haben über diese Angelegenheit nie ein Wort miteinander gesprochen, und wenn ich je einmal auf der Straße von weitem seiner Mutter gewahr wurde, war mir kein Umweg zu weit, um die Begegnung zu vermeiden.   (*1948*)

Erwin

Wie ein dunkler Grenzturm liegt zwischen den Spielplätzen meiner Kindheit und den Gärten und Wildnissen meiner Jünglingszeit das alte Kloster.

Ich sehe seine Mauern und Säulen trotzig stehen und lange Schatten in mein Jugendleben werfen, und muß doch lächeln und kann mich des schnelleren Herzschlags nicht erwehren, wenn mein inneres Auge die festen Mauern des »Paradieses« und die Wölbungen der gotischen Kreuzgänge erblickt. Oft hatte ich Sehnsucht, den Ort meiner ersten Nöte und Träume wieder zu sehen, die Geburtsstätte meines Heimwehs und meiner ersten Lieder.

Das Kloster liegt zwischen mehreren Hügeln im Tal, schwer, von romantischen Schatten umgeben. Ich stand oft am Gitter des Parlatoriums, welches den Mönchen karge beaufsichtigte Gespräche mit besuchenden Anverwandten gestattete, und hatte das Herz voll von Freundschaft und Heimweh, und hatte keinen, dem ich davon reden durfte. Ich schritt oft mit beklommenem Sinn durch die steinernen Dormente, und war allein, und hörte nur den Klang und Widerhall meiner

Schritte und aus der Brunnenkapelle den singenden Laut des fallenden Wassers.

In einem der großen Schlafsäle verbrachte ich manche halbe Nacht heiß und wachend, in Zukunftgedanken, in Dichterphantasien, und allen Nöten meiner ratlosen Jugend. Alle Romantik, die ein Knabenherz erfüllen und beschweren kann, war in mir lebendig, ich war erfüllt von allen einander widerstrebenden Idealen der ersten Jugend. Die Helden Homers und die Helden Klopstocks, die Wunder Athens und Altdeutschlands stritten um meine Verehrung. Meine Stimmungen waren im Bann der mondbeschienenen Einsamkeit, der ich viele Abende in den hohen, gewölbten Räumen des Oratoriums und der Dormente mich hingab. Tage lang schlug mein leidenschaftliches Herz den verheißenen Tempeln der Wissenschaft warm entgegen, zu jedem Fleiß und zu jeder Entsagung bereit, und wurde wieder des Nachts von Verachtung und Sehnsucht gequält. Dann träumte ich von Höhen und glänzenden Möglichkeiten, und schmachtete gefangen, und lernte früh die Sehnsucht nach Freiheit.

Wenn ich in der freien Mittagsstunde den nächsten Hügel erstieg, sah ich die weiten Gebäude des Klosters unter Schieferdächern stattlich beieinander gelagert. Zwei Kirchen mit langen, kreuzförmigen Dächern und festen, steinernen Vorhallen, zwei Refektorien, Oratorium, Hörsaal und Dormente, im Innern die gotischen Kreuzgänge. Dort wartete Livius, Xenophon und der göttliche Homer auf mich, dort war mein Pult und Bett, beide Zeugen ernster und schwärmerischer Gedanken und Phantasien, dort war der Ort unsrer Spiele, Kämpfe und Enttäuschungen. Umschauend sah ich auf der anderen Hügelseite den tiefen See gebreitet, dahinter Feld und Gebirg und Weite. Dort war das Unbekannte, das Größere, die Ferne, die Welt, die Freiheit. Dort lag die helle Bahn, mit anderen in die Weite zu laufen, dort lagen verborgene Ziele, Größe und Untergang, für alle Freien. Dort waren die Freunde, deren ich bedurfte, dort waren Berater und Mitwisser meiner Heimlichkeiten, Genesung und freie Luft für meine stummen Sorgen und Bedrängnisse.

Vielemal bin ich den kurzen Weg mit schwerem Herzen und wunder Seele hinabgestiegen. Wenn ich den Klosterplatz betrat, traf ich die Kameraden bei Turnen und Ballspiel oder lachend und ruhend auf den Bänken im Schatten des Ahorn. Ich suchte oft, und ich fand nirgends den Blick, der mich verstand. Dann griff ich selber zum Ball und sprang allen voraus über den Platz, mit Hallo und heißen Wangen, der Rascheste und Wildeste von allen. Abends, wenn der Weg ins Freie versagt war, führte die Einförmigkeit des Lebens und die Verschiedenheit der vielen Schüler zu vielerlei Zeitvertreib und Spiel. Häufig fanden Raufhändel statt, bei denen ich oft mit Ekel zuschaute und noch öfter mit Ruf und Faust mich beteiligte. Ich führte ein großes Heft, in welches ich die Helden, die uns täglich aus

Livius und aus dem Geschichtsunterricht bekannt wurden, mit Bleistift und Wasserfarben nach Art der Moritatenbilder karikierte, dieselben Helden, unter denen ich Freunde, Tröster und Vorbilder verehrte. Ich errichtete ein delphisches Orakel im Verein mit drei Helfern. Von diesem herab gab einer von uns, vermummt und gefeit, den zudrängenden Fragern, in Ratschläge eingewickelt, kräftige Grobheiten zu hören. Von diesen Späßen hielt keiner länger als einige Tage vor, aber ich warf mich auf jeden mit der Leidenschaft meines unbefriedigten Knabensinnes. Die Vornehmeren unter den Mitschülern, denen ich durch Art und Erziehung näher stand, wurden durch meine lauten, ungezähmten Einfälle abgestoßen und liebten mich nicht; der Durchschnitt der übrigen war von Hause aus zu ungeschlacht, um mich anzuziehen oder zu verstehen. Mit diesen verband mich aber die erfinderische Langeweile. Ein literarischer Verein, von einigen Lesern und beginnenden Ästhetikern gegründet, schloß mich aus, der ich in ihren Büchern heimischer war als sie. Alle Neigungen und Bedürfnisse, welche über dem täglichen Spiel und Umgang standen, pflegte ich allein und hielt sie als uneingestandene Liebhabereien geheim. Denn ich fürchtete nichts so sehr als die Roheit und den Spott der andern. Schiller und Shakespeare wurden früh meine Freunde. Ich erinnere mich der Stürme, welche mich erfaßten, als ich Schillers Jugendleben las. *Die Räuber* gewannen Macht über mich, so wenig ich im Grunde an übertriebenen Worten und an Derbheiten Genüge fand. Verse, die ich damals schrieb, zeigen alle Nuancen des Stils und der Stimmung, welche zwischen den Höhepunkten revolutionärer Freiheitsliebe und der uferlosen Sentimentalität Ossians liegen.

In diese Zeit zurückschauend, sehe ich meine wilde, im Vaterhaus verwöhnte Seele voll Ungeduld und Ungenügen nach Fernen und unbekannten Freuden suchen, ich sehe sie eingesperrt im Glashause des Unterrichts und des streng förmlichen Lebens ihre Schmetterlingsflügel regen und sich verzweifelnd an den Wänden müde flattern. Du reiche, unverstandene Jugend! Ein älterer Freund, ein Stückchen Freiheit, ein Winkel Heimat hätte dir genügt, und du sehntest dich krank zwischen roheren Genossen und nüchternen Lehrmeistern! In diesen Schranken verlor ich bald meine lustige Kindlichkeit und lernte den Durst nach Wissen und Genuß, ich lernte zugleich den Weltschmerz, das Sichandersfühlen und die gefährlichste Seelenkrankheit, das Mitleid mit mir selber.

Am Sonntag waren uns mehrere Stunden zu beliebiger Verwendung in unsern Stuben vergönnt, zum Lesen, Schachspielen, Zeichnen, Briefschreiben. Diese Zeit der »stillen Beschäftigung« ersehnte ich die ganze Woche hindurch. Dann saß ich über Shakespeare, über Schiller, Klopstock, Ossian und Schubart und sog mich satt aus den Bechern der Phantasie, der Sehnsucht und des

Heimwehs. Diese Stunden lagen wie ein heimliches Asyl in der Reihe unglücklicher Tage, von den Sternen der Dichter und den unbewachten Träumen meines Herzens überglänzt, reich an Empfängnis und Trost.

Dazu gesellte sich die alte Freundin der Sehnsüchtigen und Heimatlosen, die Musik, die mich bis zur Verzückung erregte. Meine Geige am Kinn, allein im kalten Musikzimmer, fühlte ich manchesmal alles Harte und Häßliche sich von meinem Leben lösen und meinen Sinn verwirrt und beglückt von neuen Schönheitsgedanken. Was an frommer Empfindung in mir war, gewann Leben und Macht und trug mich über das Kleine und Widerliche hinüber. Meine Liebe und mein Verlangen nach Freundschaft und Blicken in gütige Augen wuchs an diesen tröstlichen Stunden; ich rettete mich an der Musik und Dichtung mit umklammernden Händen empor aus der Kühle meines kargen Tages.

Unser Kloster war von mehreren kleinen Seen umgeben. Unter diesen war der kleinste, ein brauner, verschilfter Waldweiher, mein Liebling. Eingefaßt von Buchen, Eichen und Erlen lag er unbewegt in ewiger Windstille dunkel im breiten Schilfgürtel, überhängende Äste und ein rundes Stück Himmel spiegelnd. Ein verwildernder Weg war das halbe Jahr von braunem Eichlaub bedeckt.

Dort lag ich an einem Sonntag allein in der Nachmittagssonne. Der Blätterfall hatte begonnen. Die dürren

Binsen klirrten zitternd, über der ferneren Waldecke hing der dunkle Habicht. Zuweilen flog ein einzelnes welkes Blatt, sich im Falle drehend, lautlos in den schmalen Wasserspiegel. Zuweilen flog eines neben mir ins fahle Moos. Das sumpfige Ufer atmete in der Sonne einen leichten Geruch von Moder und Fäulnis aus. Lange, verdorrte Gräser standen in den tiefen Radgleisen des verfallenden Uferwegs.

Ich lag müde ausgestreckt, das Kinn auf den Händen, im Auge und im Herzen die Stille und Wildnis dieses Herbstes. Ich wünschte so abseits und ungekannt lange zu liegen und mich in der schwermütigen Müdigkeit des Waldes und Schilfes mit aufzulösen. Ungelesen lag der aufgeschlagene Homer neben mir, er hatte in dieser Todesstille keine Macht über mich.

Ich hörte nicht, wie einer meiner Mitschüler sich leise näherte. Plötzlich stand er neben mir, die grüne Mütze in der Hand tragend. Er war schlank, schön gebaut und hatte ein blasses, feines, veränderliches Gesicht. Er hieß Erwin.

»Was machst du hier?«

»Du siehst doch. Homer lesen.«

Er schlug das Buch mit dem Fuße zu.

»Glaub ich nicht.«

»Ist mir einerlei. Warum fragst du dann?«

»Aus Gewohnheit, Kamelchen. Aber du liegst im Feuchten.«

»Gar nicht. Ist auch meine Sache.«

»Freilich, Grobian.«

»Laß mich in Ruh, sonst erinnere ich dich an den Komment.«

»Wie nett! Du meinst Euern Prügelkomment vom untern Dorment? Ich danke!«

Ich wurde vor Scham und Ärger rot.

»Bist du eigentlich bloß da heraufgestiegen, um mich zu ärgern?«

»Bist du eigentlich bloß da heraufgestiegen, um Homer zu lesen?«

Ich schwieg steif und blieb liegen. Erwin setzte sich neben mich. Lange Zeit blickten wir über den Weiher und horchten auf die kleinen Waldgeräusche. Die Blätter fielen langsam weiter, sonst war keine Bewegung in der engen, mit allen Nuancen von Braun gefärbten Landschaft. Wir Jungen vergaßen unsre Verstimmung und Neckerei. Nach einer langen Stille hörte ich Erwins veränderte und gedämpfte Stimme.

»Hier ist's trist – !«

Wieder nach einem Schweigen fragte er:

»Du hast gedichtet?«

»Nein.«

»Ehrlich? «

»Nein. Wie kommst du drauf?«

»Ach, ich dachte mir's eben. Das heißt, ich weiß, daß du Gedichte machst.«

»Woher weißt du's?«

»Frag nicht viel. Ich weiß eben. Oder ist's anders?«

»Nein. – – Nein.«

Erwin legte sich nun auch lang zu Boden. Er lag auf dem Rücken und sah himmelan, ich blickte vor mich über die aufgestützten Arme. An einem Grashalm kauend begann er wieder: »Gelt, wenn wir jetzt Steine oder Muscheln wären und lägen dort im Wasser drunten!«

»Was dann?«

»Dann? Dann wären wir träg und ruhig und hätten vielerlei nicht nötig, als: Spazierengehen, Händelhaben, Sterngucken und so fort.«

»Freilich. Aber was hätten wir davon, dort zu liegen?«

»Auch nicht viel. Du bist ein Denker. Aber stell dir vor – so eine helle Wolke, die immer weiter reist und die Sonne auf dem Rücken hat und unter sich die Städte und Oberämter und Länder und Erdteile.«

»Das wäre besser. Also eine Wolke.«

»Oder, du – ein Schiff! Oder ein Boot. Ich hab nichts so lieb wie ein Schiff. Weißt du, ein Festschiff, mit Musik auf Deck, am Sonntag. Abends werden die farbigen Lampen an Schnüren aufgehängt und die Mädchen haben weiße Sonntagskleider an. Die Lampen sind alle im Wasser noch einmal zu sehen.«

»Hast du so was schon gesehen?«

»Mehrmals. Es ist das Allerschönste zum Ansehen, besonders wenn man zuhaus ist und Ferien hat.«

Ich schloß die Augen. Er sprach nicht weiter. Durch unsre Knabenseelen zog das laternenbeglänzte Schiff der Zukunft, bekränzt, mit Musik und Mädchen in weißen Sonntagskleidern.

Als wir miteinander durch den lichten Wald zurück schritten und die langen Dächer des Klosters sichtbar wurden, fiel uns beiden die Rückkehr in die lärmerfüllten Stuben und Spielplätze schwer. Erwin fragte noch:

»Du, hilft es dir was?«

»Was denn?«

»Das Dichten. – Ich meine – ist's schön?«

»Je nachdem.«

»Warum tust du's?«

»Ich weiß selber nicht. Es ist so – es kommt so, wie das Pfeifen, wenn man alleine geht.«

»Ich hab's nie getan. Aber gepfiffen schon oft. Das tut mir gut. Ich denke dann immer gleich an etwas viel Schöneres – –«

»Als was?«

»Als alles. Als da drinnen.«

Er deutete auf die erreichte Pforte. Lachen und lautes Gespräch klang innen in den Gängen wider.

Am nächsten Sonntag kam Erwin abends in das Zimmer, in welchem mein Pult neben acht andern Pulten stand. Er ging die Reihe der Pulte entlang, da und dort grüßend und bei Plaudernden oder Schachspielern stehen bleibend. Hinter meinem Platz hielt er wieder an und sah mir über die Schulter.

»Stör ich dich?«

»Du bist's? Nein. Was tust du heute abend?«

»Weiß noch nicht. Wo bist du in der Ausgangszeit gewesen?«

»Zu einem Kaffee eingeladen. Warum willst du's wissen?«

»Ich war am Weiher. Ich dachte, du wärst vielleicht wieder dort.«

Er nahm mich mit in seine Stube. Auf seinem Stuhl stand eine halb ausgepackte Wäschekiste.

»Hilf mir ein bißchen einräumen!«

Ich half gerne. Unsre Kästen standen unter Aufsicht und alle Unordnung darin wurde bestraft.

»Da sind zuviel Göttinger für Einen mitgekommen«.

Erwin suchte ein Pärchen der delikaten kleinen Würste heraus und bot sie mir an.

»Wir können gleich Vesper halten«, meinte er, als wir die Kiste geleert und den Inhalt in die Fächer des Kastens verteilt hatten.

»Hast du nichts zu trinken? Die Würste sind gesalzen.«

»Wasser, wenn du willst.«

Ich erinnerte mich einer halben Flasche Bier, die ich vom Nachmittag übrig hatte. Ich holte sie herbei und wir bewirteten einander fröhlich, bis es zum Prezieren läutete.

Von diesem Sonntag an waren wir befreundet und unzertrennlich. Er suchte bei mir Bücher und allerlei Rat.

Ich liebte an ihm eine feine und oft humorvolle Art abgesonderter Lebensführung. Er war sehr begabt, aber weniger als ich ein Freund des Viellesens und Philosophierens. Aus einem reichen Hause brachte er mehrere weltmännische Gewohnheiten mit, war aber gut und sogar streng erzogen. Ich erinnere mich, daß er gerne kleine Geschenke machte. Dagegen fiel mir auf, daß er niemals Geld borgte oder auslieh, was unter uns andern täglich geschah.

Während meine Unzufriedenheit wuchs und meine Stimmung oft zur Schwermut neigte, genoß ich die erste Freundschaft mit der stürmischen Leidenschaft, welche ich sonst für Träume und dichterische Ideale besaß. Ihr stummen Wildwanderungen! Ihr Mittage, die wir in den hohen Ästen der Felseneiche verbrachten! Ihr Mondabende unter den hohen Bogenfenstern des Oratoriums!

Uns beide trieb dasselbe Ungenügen von der Arbeit zum Walde, von da zu unsern Dichtern, von diesen zur Musik und zu eigenem Dichten. Dann eines Tages brachte mir Erwin ein beschriebenes Blatt. Er hatte sich in Hexametern versucht. Ich erstaunte vor seinen sicher und sehr sorgfältig gegossenen Versen und mußte beim Austausch solcher Formversuche mich bald bequemen, mehr der Nehmende als der Geber zu sein. In späteren Jahren fand ich bei meinem Freund ein Gedicht in Hexametern, welches auf unsre Waldgänge und auf Verse, die er damals schrieb, zurückging. Unser Weiher war darin gemalt —

– Furchtsam rauscht aus dem Busch das Reh und
bückt sich zu trinken,
Oft belausch' ich dich dort! Und oftmals neigt' ich
das eigen
Haupt zum Weiher und schaute mein Bild in ruhigem
Wasser
Bleich und verträumt, und trank, und trank ein süßes
Vergessen –

Damals fand Erwin eines Tages bei mir jenes Karika-
turenheft.

Er blätterte darin.

»Soll das der Caeso sein?«

»Freilich. Ist er nicht sehr ähnlich?«

»Wer weiß! – Aber hör, die Dinger sind scheußlich
gezeichnet. Darf ich das Heft verbrennen?«

»Warum? Wir haben viel Spaß davon gehabt.«

»Mir gefällt's nicht. Es ist eine frevelhafte Malerei.
Gib mirs.«

Ich überließ ihm das Heft, das er wirklich verbrannte. In ihm regte sich damals die erste Liebe zur bilden-
den Kunst, er begann sich für die Ornamente der Klos-
terkirche und für die Kupferstiche der Bibliothek zu
interessieren. Und ihm war alles, was er liebte und studierte, heilig und unantastbar. Er lehrte mich zuerst
den Kult der Schönheit und eine religiöse Verehrung
der Kunst.

Wir lasen Preller's Mythologie und einige historische Werke miteinander, welche Lektüre ich ohne seine ruhige Teilnahme nicht bezwungen hätte. Ich las nach wie vor im Stillen Ossian, Schubart, Schiller, mit heißer Stirne und lüstern nach Sensationen.

Den langen, harten Winter hindurch wurde mir das klösterliche Leben täglich mehr verleidet. Ich vermißte immer schwerer, besonders nach dem kurzen Weihnachtsbesuch in der Heimat, alle gefälligen Lebensformen, allerlei Freiheiten und kleine Freuden. Besonders schien es mir immer unerträglicher, zu Schlaf und Arbeit mit andern zusammengesperrt zu sein.

Erwin, dem eine liebenswürdige Resignation eigen war, blieb ruhig in seiner stetigen Arbeit, während ich die Studien über der Lektüre versäumte und mich mit trotziger Genugtuung von den Lehrern getadelt oder vernachlässigt fand. Die Spiele und der ganze Ton unsrer Geselligkeit wurden allmählich ruhiger und ernster, alles Jungenhafte wurde verpönt – wir begannen uns zu erziehen. Es gab anerkannte Lichter und Tugendhelden, es gab dauernde Freundschaften und Feindschaften, die allgemeine ehrliche Ausgelassenheit und Grobheit verschwand. Dagegen wurde ein mathematischer und ein hebräischer Verein gegründet. Zwischen Einzelnen und ganzen Stuben und Gruppen wuchsen Spannungen, welche sich nur noch in witzig scharfer Weise Luft machen durften. Da kam irgendein Erfinder auf eine neue, zündende Idee.

Eines Morgens fanden wir an der Türe des Waschsaals einen Bogen Papier angeheftet, auf welchem mit verstellter Handschrift mehrere »Xenien« geschrieben standen. Eines davon lautete:

> Hermann und Erwin, ihr passet zusammen
> wie Essig und Honig;
> Wäre der Essig nur scharf!
> wäre der Honig nur süß!

Fünfzig Köpfe waren vor dem Papier zusammengedrängt; man las, man schalt, man spottete und lachte, die Getroffenen waren wohlbekannte Unbekannte. Am nächsten Morgen war die Türe von oben bis unten mit Xenien beklebt, kaum einer war verschont oder hatte geschwiegen. Ich glaube, mein Essig war damals scharf.

Der Scherz dauerte einige Tage und hinterließ in mir eine erregte Bitterkeit, die ich vorher nie gekannt hatte. Ich war von mehreren empfindlich verletzt, von den Feinsten am tiefsten. Da der Xenienkrieg nicht lange dauern konnte, setzte sich der stumme Ärger in mir fest und verbitterte mir Arbeit, Tisch und Bett. Erwin hatte vor Ärger und Zorn geweint, war aber bald beruhigt, denn er genoß die Achtung der meisten. Mir leistete er mit rührender Treue Gesellschaft. Er ertrug meine Verschlossenheit so still wie die Ausbrüche meiner Wut; er gab sich sogar Mühe, die Gegner und Lacher zu besänftigen und von mir fernzuhalten.

Für mich begann eine unerquickliche Zeit. Meine Verstimmung schlug völlig in Weltschmerz und Angstgefühl um und verdarb mir vollends allen Fleiß und Erfolg. Ich wurde Nächte lang von Fiebergedanken gequält oder lag wach mit schmerzender Stirne. Erwin tröstete, gab kleine Arzneien, er schlug sogar vor, für mich beim Ephorus um Erleichterung oder Urlaub zu bitten. Manchmal, wenn ich mit ihm in den Ästen der alten Eiche saß, überwältigte mich meine Liebe und Herzensnot. Dann schwieg er freundlich und legte seinen Kopf an meinen und umfaßte mich fest. An jenem verborgenen Ort, nach einem erlösenden Geständnis, gab er mir die feine Hand und schwur mir feierlich Freundschaft für jede Zukunft.

An einem sonnigen Nachmittag stand ich mit ihm in der herrlichen Brunnenkapelle. Das Gärtchen lag mit hellen Knospen im ersten Frühling zwischen den kalten Kreuzgängen. Erwin war fröhlich gestimmt und erschwerte mir eine vertraute Mitteilung. Sie unterblieb. Ich küßte dem Erstaunten die Hand und ging weg, aus Kloster und Dorf, in den weiten Wald. um nicht wieder zu kommen. Voll von Frühling und Sehnsucht lief ich, ein verträumtes und verängstetes Kind, in die unbekannte Welt, und seitdem habe ich das verlorene Tal mit dem dunklen Kloster nicht wieder gesehen, außer in Träumen warmer Frühlingsnächte. *(1899)*

Die Novembernacht

Eine Tübinger Erinnerung

Über Tübingen hing eine schwarze, verwölkte Novembernacht. Sturm und Sprühregen klirrte und zitterte durch die engen Gassen, aufflackernde rote Laternenlichter glänzten trüb auf dem nassen Pflaster wider. Trüb und schwarz mit zwei, drei kleinen roten Fensteraugen lag das alte Schloß wie ein halbschlafendes träges Untier auf seinem langen Hügel, Fetzen von Wolkenschleiern um die spitzen Dächer. In den großen, ernsten Alleen standen die alten Kastanien, Linden und Platanen kahl und hager im Sturm wie eine trübselig standhafte Armee von Greisen. Blätterwirbel trieben über die feuchten Wege, faul und grau lagen die großen Herbstwiesen, an den Rändern da und dort von einer windscheuen Laterne zackig und roh beleuchtet. Der langgezogene, müde Pfiff des letzten Reutlinger Zuges drang vom nahen Bahnhof durch die schwere Luft und paßte mit seinem heiseren, hinsterbenden Geräusch vortrefflich in die Tonart des ganzen Abends.

In den Pausen des Sturmes ward das kühle Rauschen des Neckars laut. Die Ufer lagen tief in graue, traurige Ruhe gehüllt, und von den vielen hellen liederlauten

Sommerabendfesten war keine leise Spur mehr geblieben, so wenig dem breiten, traurigen Stiftsgebäude noch eine Spur von den zahlreichen, glänzenden Geistern anhing, die darin vor Zeiten schwärmerische, dämmernde Jugendsemester verlebten. Es seien denn einzelne nachklingende, elegische Laute aus der umflorten Harfe des armen Hölderlin. Statt dessen brannte dort die strenge, fleißige Gegenwart in zahlreichen Studierampeln über die ganze Breitseite des Stifts verteilt und glänzte mattrot durch die breiten, niederen Fenster. Dort lagen jetzt Kompendien, Wörterbücher und Texte ohne Zahl vor ernsthaften, jungen Augen aufgeschlagen, Ausgaben des Platon, Aristoteles, Kants, Fichtes, vielleicht auch Schopenhauers, Bibeln in hebräischer, griechischer, lateinischer und deutscher Sprache; vielleicht brütete hinter diesen Fenstern zur Stunde ein junges philosophisches Genie über seinen ersten Spekulationen, während zugleich ein zukünftiger schwer geharnischter Apologet die ersten Steine seines Trutzgehäuses legte.

Zwei junge Männer, die jetzt von der unteren Neckarbrücke her durch die Platanenallee gegangen kamen, blickten lachend hinüber und zeigten wenig Respekt vor der ernsten zukunftsschwangeren Geistesburg. Sie wandelten, in grauen Lodenmänteln, des Regens ungeachtet langsam durch die stürmende Herbstnacht. »Hast du noch was drin?« fragte der Kandidat Otto Aber seinen Begleiter, worauf dieser, der Dichter Hermann

Lauscher, eine bauchige Benediktinerflasche aus der Manteltasche zwängte und dem Kandidaten reichte.

»Der letzte Schluck!« rief dieser und schwenkte die Flasche gegen das jenseits des Flusses ragende Stift. »Prosit Stift!«

Er leerte die Bouteille mit einem kurzen Schluck.

»Was machen wir mit dem Scherben?« fragte Lauscher. »Wir könnten auf die Wache gehen und ihn der lieben Tübinger Stadtpolizei verehren.«

»Was Stadtpolizei!« lachte Aber. »Da!« und er schleuderte die Flasche über den Neckar, daß sie an einem Pfeiler des Stiftsbaues zersplitterte. »Jetzt wohin?«

»Ja wohin?« sagte Lauscher nachdenklich. »In der ›Steinlach‹ krepiert man am Wein, in der ›Silberburg‹ ist die Schorschel nimmer da, im ›Kaiser‹ säuft der Roigel, in der ›Sonne‹ ist's zu voll, im ›Löwen‹ –«

»Hallo, in den ›Löwen‹!« rief Aber. »Mir fällt ein, daß der Säbelwetzer und der Elenderle heut abend dort sind und die Mensur vom Donnerstag verschwellen. Komm! Übrigens ist's ein Sauwetter.«

Der Kandidat zog seinen langen Mantel enger an sich und schlug ein rascheres Tempo an.

»Was rennst du!« rief Lauscher. »Für uns ist das Wetter lang gut genug. Mir paßt's so besser, als Lump im Sonnenschein zu spielen. Wenn der Benediktiner nicht ausgepfiffen hätte, wär ich für eine Naturkneipe. Außerdem ist der Säbelwetzer langweilig, und der Elenderle wird schon bald wieder am Heulen sein. –

Trinken sie Uhlbacher? Dann geh ich nicht mit, der Uhlbacher vom ›Löwen‹ haßt mich. Aber was versteht ihr von Wein!«

»Weinprotz!« lachte Aber. »Nein, sie haben eine uralte Moselwette dort stehen, oder Winkler oder was Ähnliches. Jedenfalls was Besseres. – Dabei fällt mir ein: warum gründen wir eigentlich nichts? Wir vier oder fünf hocken doch ewig zusammen, man könnte den Appenzeller und so ein paar Bierhühner mitlotsen, es gäbe so was wie eine Ausstellung der Zurückgewiesenen.«

»Gründen?« brauste Lauscher auf, der damals das spätere cénacle noch nicht ahnte. »Lieber werd ich Eremit.«

»Warum nicht gar! Es gäbe ein Kollegium von Ausgetretenen aus fashionablen Verbindungen oder von Rettungslosen aus allen Fakultäten. Der Elenderle würde die Sündenlast der Gesellschaft in Tränen umsetzen, der Säbelwetzer bekäme ein Dauerpaukwams und würde auf alle Waffen für uns losgehen, ich wäre die Bierkommission, du Schrift- und Weinwärtel …«

»Und so weiter. Schon gut.«

»Der Appenzeller würde sich unübertrefflich dazu qualifizieren, Mitteilungen und Forderungen der Gesellschaft den Chargierten der Verbindungen zu überbringen. Der Nebukadnezar wäre ein censor morum ohnegleichen. Der Kaißer hat einen Onkel, der Weinberge besitzen soll; der Schnauzer ist reich und dumm –«

»Und dann würden wir eine Kneipe mieten und zweimal in der Woche ›Altheidelberg‹ und ›Es geht ein Lumpidus‹ miteinander singen. Und Füchse keilen. Und Präsidepauken schwingen. Ich danke.«

»Warum? Wir könnten im ›Schwarzwälder‹ kneipen und im Komment alle anständigen Lokäler verbieten. Zum Beispiel: Wer im ›Ochsen‹ oder im Innern der Aula betroffen wird, zahlt eine Mark Buße. Wer fachsimpelt, zahlt zwei Maß …«

»Nein, bitte, du fängst wieder an, nach Komment zu riechen.«

Die Freunde waren auf der alten Brücke angelangt. Aus der Kneipe der Burschenschaft klang lauter Chorgesang. Der Neckar strömte wild um den breiten Brückenpfeiler, auf dem raschen Wasser glänzten unruhig die Laternenlichter, schwarz und großartig streckte sich die Platanenallee in die Nacht. Vom Turm der Stiftskirche tönte das Stundenhorn, zackig und wechselvoll beleuchtet stand die malerische Häuserreihe des hohen Neckarufers bis zum alten Stift hinab. Beide Freunde schwiegen, solange sie über die Brücke gingen. Vielleicht stieg beim Anblick der schönen, nächtlichen Stadt, beim Rauschen des Neckars und Singen der Studenten in beiden das Erinnern an die kaum vergangenen Tage auf, da ihnen noch die eigentümliche, romantische Schönheit und Stimmung dieser Stelle ahnungsvoll und freudig ans Herz gerührt hatte, da sie noch mit der Hoffnung und dem ganzen süßen, krausen Stimmungsduft der ersten Semester hier gegangen waren.

Sie bogen um die Brückenmühle, stiegen die steile Gasse zum Holzmarkt hinauf, gingen an der Stiftskirche vorüber, über die schmale Kirchgasse und den öden Markt an der »Sonne« vorbei und gelangten durch Nässe und Schmutz an die Hintertür des »Löwen«, durch welche man über drei steile Stufen hinab direkt in das »Nebenzimmer« tritt. Ehe sie eintraten, blickten sie durch eins der niederen Fenster in die schmale Stube hinab und sahen Elenderle und Säbelwetzer am letzten Tisch beim Wein sitzen.

»Sie trinken Winkler!« frohlockte Aber. »Hab ich's nicht gesagt? Du meldest dich mit deiner Blume, wegen ungebührender Respektlosigkeit.«

»Prolet! Meinetwegen«, murrte Lauscher und trat zuerst in die schmale Tür. Aber folgte nach, drehte unwillig ein an der Wand hängendes Gerolsteiner Mineralwasserplakat um und ließ sich von der herzueilenden Wirtstochter Mathilde den Mantel abnehmen.

Jetzt bemerkten die Weintrinker die Ankommenden.

»Höchste Zeit«, rief der Säbelwetzer. »Wollet ihr trinken? Wollet ihr ein Bad nehmen? Wollet ihr euch ersäufen? An Winkler fehlt es nicht. Mein Leben mach ich keine solche Wette mehr. Fünfzehn Flaschen, ist's nicht zum Langweiligwerden?«

»Keine Angst!« rief Lauscher. »Mathilde, zwei Gläser!« Er prüfte eine der im Kübel stehenden Flaschen und schenkte ein.

»Meine Blume, Aber!«

»Sauf's!«

»Na?« fragte der Säbelwetzer.

»Er ist gut«, gab Lauscher kurz zur Antwort, ließ den linken Arm über die Stuhllehne hängen, füllte seinen Römer nach und trank ihn mit einem langen sicheren Schluck hinunter.

»Wo spukt's wieder?« fragte der Säbelwetzer. »Du hast deinen allerbeinernsten Schädel aufgesetzt.«

»Du weißt«, fiel Aber ein, »Schnaps verträgt er nicht. Der Benediktiner –« Lauscher stieß durch die Zähne einen langen Pfiff.

»Halt's Maul, Aberchen! Überhaupt fragt man nicht so dumm, Säbelwetzer.« Er trank ein neues Glas an. »Ihr seid eigentlich doch eine Schweinebande, liebe Freunde«, fuhr er dann langsam und ernsthaft fort, »und mich wundert's selber, daß ich allemal wieder bei euch bin.«

Elenderle lachte und trank dem Dichter zu.

»Aber was tun? Ihr seid wenigstens bloß langweilig und im übrigen gute Brüder.«

»Hm – hm –«

»Ja, brummt nur! Oder hat vielleicht einer von euch etwas anderes an Geist zu verbrauchen als die übrigen Brocken aus seiner Fuchsenzeit? Oder hat einer von euch eine Ahnung von Humor, von Philosophie, von Kunst? Oder –«

»Na, hör mal«, lachte der Kandidat Aber, »eh du so proletest, sei doch so gut und serviere uns einmal deine Kunst, deine Philosophie, deinen Humor! Er muß anderswo als in deinen sentimentalen Versen stecken –«

»Das tut er auch. Was Verse! Daß ich hier sitze und euren Wein mit euch trinke und eure desperaten Schädel betrachte, während ich Gold, Silber, Paläste, Märchen und Kleinode in mir liegen habe, das ist der Humor. Was verbummelt ihr? Was ersäuft ihr? Ein Examen, ein bißchen Vermögen, ein Ämtchen, in dem ihr euch geschunden und gelangweilt hättet. Warum? Weil es euch dämmert, daß es sich um solches Zeug nicht zu leben lohnt. Und ich? Schluck um Schluck ersäufe ich ein Stück blauen Poetenhimmel, eine Provinz meiner Phantasie, eine Farbe von meiner Palette, eine Saite von meiner Harfe, ein Stück Kunst, ein Stück Ruhm, ein Stück Ewigkeit. Warum? Weil es sich auch um alles das nicht zu leben lohnt. Weil es sich überhaupt nicht lohnt zu leben; denn Leben ohne Zweck ist öd, und leben mit Zweck ist eine Plage.«

Elenderle lachte fortwährend. Aber nahm einen langen Schluck und sagte gutmütig: »Trink, Lauscher, und mach uns nix Blaues vor.«

»Aber sag«, redete er darauf Elenderle an, »was machst du denn jetzt eigentlich? Weiß dein Alter schon?«

»Was denn?« fragte Lauscher.

»Weißt du nicht? Er ist zum drittenmal nicht ins

Examen gestiegen und außerdem relegiert. Na, Elenderle, was denkst du?«

»Denken? Ich hab mich anwerben lassen.«

»Sackerlot! Anwerben?«

»Ja ja ja ja!«

»Zu was denn? Ist eine Deliriantenarmee gegründet worden?«

»Ganz so was! Ich meinte, ich hätte in meinen vielen Semestern genug Jammertränen vergossen, um mir dafür ein Freibillett in die Gefilde der Seligen zu kaufen.«

»Auch gut«, lachte der Säbelwetzer. »Das ist nicht mehr als billig. In die Hölle wärst du sowieso nicht gekommen, das weiß ich, denn ich habe einmal drei Semester württembergische evangelische Theologie studiert.«

»Aber wer hat dich denn angeworben?« fragte Lauscher.

»Ei wer? Ja, den möchtest du kennen! Ein Herr, sag ich dir, ein feiner Herr –«

»Rindvieh!« rief Lauscher. »Was du einen feinen Herrn nennst! War er feiner als ich?«

»Viel, viel feiner! Ein Gentleman, sag ich euch. Übrigens dummes Geschwätz! – er kommt heut abend her, er hat's versprochen.«

»Wa-as? Kein Schwindel? Auf dein Wort?«

»Natürlich, auf alle meine Wörter. Prost, Lauscher!«

»Prost, Elenderle!«

Lauscher zog ein Paket seiner Giftschlangen hervor, schwarze, lange, dünne Zigarren, und bot den anderen an. Er zündete sich eine an, blies Wolken, streifte die Asche ab, nahm hin und wieder einen schnellen Schluck und verfiel in eine träumerisch schwere Trägheit. Auch die andern widmeten sich nun still dem Wein und der Zigarre. Eine bläuliche Wolke hing über dem Tische, man hörte die wenigen übrigen Gäste reden und lachen. Die Freunde tranken Glas um Glas und saßen einander versonnen und fast völlig stumm gegenüber, wie sie schon viele Stunden und viele ganze Abende und Nächte versonnen und stumm beisammen um irgendeinen Trinktisch gesessen waren.

»Ich bin doch neugierig auf deinen Werber«, sagte Aber nach einer langen, langen Pause.

Keine Antwort. Mathilde öffnete zwei neue Flaschen. Der Säbelwetzer schenkte ein.

»Übrigens«, begann Aber wieder, »übrigens, meine Lieben, was könnte eigentlich aus uns noch werden? Wer wird uns anwerben? Sei's noch um zwei Semester, so ist bei mir die Gnadenfrist vorbei.«

»Und bei mir der Mammon«, sagte der Säbelwetzer. »Umsatteln kann ich nimmer.«

»Ich auch nicht«, gähnte Aber. »Mein Alter ist jetzt schon scheu – Amerika?«

Lauscher lachte.

»Afrika, Asien, Australien?« äffte er nach. »Das nenne ich Sorgen! Weißt du denn, ob du in zwei Semestern noch lebst? Zwei Semester! Bedenke, was in zwei Semestern alles anders werden kann!«

»Zum Beispiel?«

»Zum Beispiel könntest du gerade jetzt, wo du so unvorsichtig deine Zigarre anzündest, dem Mund zu nahe kommen und in Spiritusflammen aufgehen. Ein schöner Tod! Oder du gründest, was ich kommen sehe, deinen Klub, ihr baut ein Klubhaus, und du wirst Kellermeister –«

»Dunder!« rief Aber erregt. »Dunder, noch mal! Das ist eine feine Idee!«

»Oder du gehst«, fuhr Lauscher fort, »du gehst –«

Er brach mitten im Satze ab und stierte blaß auf das gegenüber offenstehende Fenster.

»Na? Was ist los?« rief der Säbelwetzer.

Lauscher deutete mit dem Finger auf das Fenster.

»Da!« rief er stotternd. »Wir spielen doch nicht Freischütz.«

Alle wendeten die Blicke dem ausgestreckten Finger nach. Im Fenster stand ein Mensch von schmaler, hoher Figur, regungslos, hager, frech, blaß, mit Spitzbärtchen am langen Kinn, hoher Stirn, stand und blickte aus hellen, stechenden, stahlgrauen Augen in die Stube.

Der Säbelwetzer war der einzige, der nicht erschrak.

»Sieht aus, als wüßt er nicht, ob er Kaspar oder Samiel mimen soll«, lachte er. »Soll ich den frechen Bruder anrempeln?«

Der Fremde verschwand vom Fenster. Einen Augenblick später ging die Tür, und er trat ein, schritt durch die Stube und nahm am Tisch der Kameraden Platz.

Der Säbelwetzer wollte aufstehen und den Eindringling mit einer Grobheit fortweisen, da streckte über den Tisch herüber Elenderle dem Gaste die Hand entgegen und lachte.

»Entschuldigen Sie, Herr, ich erkenne Sie eben erst. Darf ich Ihnen meine Freunde vorstellen?«

Mit schon etwas betrunkenen Gesten führte er die Vorstellung aus. Den Namen des Fremden vergaß er zu nennen.

Man saß wieder lange trinkend, stumm und träg am Tisch, bis Lauscher sich erhob.

»Ich gehe. Macht einer noch ein Billard mit? «

Die Freunde schwiegen.

»Ich, wenn Sie wollen«, sagte aufstehend der Unbekannte. »Wir könnten ja alle zusammen in den ›Walfisch‹ gehen. Ich kam eben dort vorbei, das Billard ist frei.«

Alle tranken nun aus und folgten dem Vorschlag. Draußen rann Regen, es war frostig naß und die Kornhausgasse ein Meer von Schmutz. Der »Walfisch« war bald erreicht. Elenderle ging voran die Treppe hinauf. Bei der Gasflamme im Gang hielt Aber den Fremden an.

»Einen Augenblick, wenn Sie erlauben!«

Er blickte nach der Treppe. Die andern waren schon oben.

»Nun?« fragte der Lange.

»Elenderle hat von Ihnen gesprochen«, sagte Aber verlegen. »Sie werben für eine Gesellschaft?«

»Allerdings.«

»Ich könnte – es wäre möglich, daß – kurz, ich möchte Sie kennenlernen.«

»Freut mich. Ich bin nur heute hier, aber Ihr Freund kann Ihnen ja morgen Auskunft geben. Ich komme ziemlich jedes Semester einmal nach Tübingen.«

Sie stiegen den andern nach in das räucherige, verrufene Café hinauf. Elenderle hatte oben schon Sekt bestellt und sich faul in ein Sofa geworfen. Lauscher kreidete schon seinen Billardstock.

Der Fremde ergriff einen andern. Er spielte brillant.

Die Partie war schnell zu Ende.

»Sie spielen hübsch«, sagte der Lange zum Dichter.

»Wenn Sie sich Ihre Scheu vor dem Fiedelstoß abgewöhnen, werden Sie vielleicht bald genial spielen. Hier fängt das Billardspiel erst an. Sehen Sie –«

Er ergriff noch einmal das Queue und tat einen seiner glänzenden, fabelhaften Stöße. Der Ball rollte, nachdem er den weißen Ball berührt, in einem eigentümlichen, unglaublichen Bogen zum roten.

Lauscher staunte. Dann setzten sie sich zu den andern. Aber und Lauscher tranken Kaffee, die andern Sekt und Sherry. Die kleine, unbändige Molly trank mit und freundete sich mit Elenderle auf dem Sofa an.

»Was halten Sie von ihm?« fragte der Fremde Lauscher, indem er leise nach jenem hindeutete.

»Ein Schwein«, flüsterte Lauscher, »ein komplettes Schwein. Aber seelengutmütig.«

»Und der?« Der Lange bewegte das Kinn gegen den Säbelwetzer.

»Nicht ganz so dumm«, urteilte Lauscher, »und auch nicht so geschmacklos. Aber ein Säbelheld. Er verschmerzt es nie, daß ihn die Burschenschaft an die Luft gesetzt hat.«

»Hm. Und der dritte?«

»Aber? Der beste von den dreien, nur ohne Rückgrat. Er hat im stillen heillos vor seiner Krisis Angst.«

»Sie sprechen nett von Ihren Freunden.«

»Warum nicht? Verschiedene Grade von Fäulnis, die verschieden phosphoreszieren.«

»Sie gefallen mir.«

»So?«

Lauscher erhob sich. »Komm!« rief er Aber zu, »wir gehen.«

Der Fremde grüßte die Abgehenden mit einem blanken, häßlichen Lächeln. Der Säbelwetzer war eingeschlafen. Elenderle und Molly schienen die Anwesenheit anderer zu vergessen.

Aber und Lauscher irrten eine halbe Stunde lang im Regen durch die finsteren leeren Gassen. Der »Löwen« war geschlossen, in den »Schwarzwälder« mochten sie nicht gehen, es schlug drei Uhr.

»Komm, ich geh nach Haus!« rief Aber endlich ungeduldig aus.

»Ich nicht.« Lauscher blieb stehen und blickte um sich. » Alles tot! Was diese Leute schlafen!«

»Komm, wir tun's auch.«

»Nein. Schlafen!« Der Dichter wendete sich um und blickte Aber in das breite, etwas angetrunkene Gesicht. »Du, Aber! Möchtest du jetzt nicht auch ›Pfui Teufel‹ zu allem sagen?«

»Hilft nichts. Lieber gehen wir in den »Schwarzwälder.«

»Was dasselbe ist. Meinetwegen.«

Sie betraten das Lokal und ließen sich Gilka geben. Aber wurde allmählich von der traurigen Laune seines Begleiters angesteckt. Trüb und unzufrieden blickten sie mit toten Augen über die Zigarren weg in den Raum. Drei späte Bummler würfelten an einem Kaffeetischchen, am Büfett schlief die Kellnerin, eine einsame Winterfliege kroch am Gasrohr und schien jeden Augenblick in die Flamme fallen zu müssen, an den Fensterladen hörte man den Regen tropfen.

»Nicht sentimental werden!« sagte Aber nach einer Stunde. Er stürzte sein Gläschen Gilka hinunter; beide verließen den öden Saal und stiegen die steile Judengasse hinab. Im Vorbeigehen hörten sie den Knecht im »Walfisch« die Türen schließen. Am Ende der Schmiedtorgasse, bei der alten Ammerbrücke, hielten sie einen Augenblick an.

»Gehen wir links!« gähnte Aber.

»Es ist näher über die Brücke«, meinte Lauscher heiser; sie gingen hinüber.

Jenseits der Brücke lag auf den Stufen zur Ammer köpflings gestürzt ein Mensch.

»Holla«, rief Aber lachend, »der hat einen guten Schlaf.«

»Jedenfalls einer vom heiligen Verein«, sagte Lauscher und trat näher. »Er wird sich morgen über seinen Heiligenschein wundern.«

»Herrgott«, unterbrach ihn Aber plötzlich, »das ist ja der Elenderle. Kein Mensch in Europa besitzt einen ähnlichen Bratenrock.«

Sie stiegen einige Stufen hinab, Elenderle lag mit dem Gesicht auf den Stufen. Sie hoben ihn auf, geronnenes Blut war auf seinem ganzen Gesicht verschmiert.

»Der ist bös gefallen!« seufzte Aber. Da klirrte etwas am Boden. Aus der starren Hand Elenderles war ein Revolver gefallen, und nun sahen die Freunde auch an der rechten Schläfe eine kleine schwarze Wunde. Lauscher steckte ein Streichholz an.

»Bleib du hier«, sagte Aber mit verwandelter Stimme, »ich gehe zur Polizei.«

»Lassen Sie mich das besorgen«, rief da eine scharfe Stimme. Der Fremde kam vom Ammerweg her die Treppe herauf. Er rückte giftig lächelnd am Hut und blitzte die Freunde grinsend aus den frechen Augen eiskalt und höhnisch an. Beide erschraken bis ans Herz und rannten durch die Nacht davon.

Als sie am andern Tag erwachten, glaubten beide den ganzen Spuk geträumt zu haben. Die Hauswirtin pochte an Lauschers Tür und kam mit dem Kaffee herein.

»Denken Sie, Herr Lauscher, der Jammer! Heute nacht hat sich ein Student das Leben genommen.«

(*1901*)

Schön ist die Jugend

Eine Sommeridylle

Sogar mein Onkel Matthäus hatte auf seine Art eine Freude daran, mich wiederzusehen. Wenn ein junger Mann ein paar Jahre lang in der Fremde gewesen ist und kommt dann eines Tages wieder und ist etwas Anständiges geworden, dann lächeln auch die vorsichtigsten Verwandten und schütteln ihm erfreut die Hand.

Der kleine braune Koffer, in dem ich meine Habe trug, war noch ganz neu, mit gutem Schloß und glänzenden Riemen. Er enthielt zwei saubere Anzüge, Wäsche genug, ein neues Paar Stiefel, einige Bücher und Photographien, zwei schöne Tabakspfeifen und eine Taschenpistole. Außerdem brachte ich meinen Geigenkasten und einen Rucksack voll Kleinigkeiten mit, zwei Hüte, einen Stock und einen Schirm, einen leichten Mantel und ein Paar Gummischuhe, alles neu und solid, und überdies trug ich in der Brusttasche vernäht über zweihundert Mark Erspartes und einen Brief, in dem mir auf den Herbst eine gute Stelle im Ausland zugesagt war. An alledem hatte ich stattlich zu tragen und kehrte nun mit dieser Ausrüstung nach längerer Wanderzeit als ein Herr in meine Heimat zurück, die ich als schüchternes Sorgenkind verlassen hatte.

Vorsichtig langsam fuhr der Zug in großen Windungen den Hügel abwärts, und mit jeder Windung wurden Häuser, Gassen, Fluß und Gärten der unten liegenden Stadt näher und deutlicher. Bald konnte ich die Dächer unterscheiden und die bekannten darunter aussuchen, bald auch schon die Fenster zählen und die Storchennester erkennen, und während aus dem Tale mir Kindheit und Knabenzeit und tausendfache köstliche Heimaterinnerung entgegenwehten, schmolz mein übermütiges Heimkehrgefühl und meine Lust, den Leuten da drunten recht zu imponieren, langsam dahin und wich einem dankbaren Erstaunen. Das Heimweh, das mich im Lauf der Jahre verlassen hatte, kam nun in der letzten Viertelstunde mächtig in mir herauf, jeder Ginsterbusch am Bahnsteig und jeder wohlbekannte Gartenzaun ward mir wunderlich teuer, und ich bat ihn um Verzeihung dafür, daß ich ihn so lang hatte vergessen und entbehren können.

Als der Zug über unserm Garten hinwegfuhr, stand im obersten Fenster des alten Hauses jemand und winkte mit einem großen Handtuch; das mußte mein Vater sein. Und auf der Veranda standen meine Mutter und die Magd mit Tüchern, und aus dem obersten Schornstein floß ein leichter blauer Rauch vom Kaffeefeuer in die warme Luft und über das Städtchen hinweg. Das gehörte nun alles wieder mir, hatte auf mich gewartet und hieß mich willkommen.

Am Bahnhof lief der alte bärtige Portier mit derselben Aufregung wie früher auf und ab und drängte die Leute vom Geleise weg, und unter den Leuten sah ich meine Schwester und meinen jüngeren Bruder stehen und erwartungsvoll nach mir ausblicken. Mein Bruder hatte für mein Gepäck den kleinen Handwagen mitgebracht, der die ganzen Bubenjahre hindurch unser Stolz gewesen war. Auf den luden wir meinen Koffer und Rucksack, Fritz zog an, und ich ging mit der Schwester hinterdrein. Sie tadelte es, daß ich mir jetzt die Haare so kurz scheren lasse, fand meinen Schnurrbart hingegen hübsch und meinen neuen Koffer sehr fein. Wir lachten und sahen uns in die Augen, gaben einander von Zeit zu Zeit wieder die Hände und nickten dem Fritz zu, der mit dem Wägelchen vorausfuhr und sich öfters umdrehte. Er war so groß wie ich und stattlich breit geworden. Während er vor uns herging, fiel mir plötzlich ein, daß ich ihn als Knabe mehrmals bei Streitereien geschlagen hatte, ich sah sein Kindergesicht wieder und seine beleidigten oder traurigen Augen und fühlte etwas von derselben peinlichen Reue, die ich auch damals immer gespürt hatte, sobald der Zorn vertobt war. Nun schritt Fritz groß und erwachsen einher und hatte schon blonden Flaum ums Kinn.

Wir kamen durch die Allee von Kirschen- und Vogelbeerbäumen, am oberen Steg vorbei, an einem neuen

Kaufladen und vielen alten unveränderten Häusern vorüber. Dann kam die Brückenecke, und da stand wie immer meines Vaters Haus mit offenen Fenstern, durch die ich unsern Papagei pfeifen hörte, daß mir vor Erinnerung und Freude das Herz heftig schlug. Durch die kühle, dunkle Toreinfahrt und den großen steinernen Hausgang trat ich ein und eilte die Treppe hinauf, auf der mir der Vater entgegenkam. Er küßte mich, lächelte und klopfte mir auf die Schulter, dann führte er mich still an der Hand bis zur oberen Flurtüre, wo meine Mutter stand und mich in die Arme nahm.

Darauf kam die Magd Christine gelaufen und gab mir die Hand, und in der Wohnstube, wo der Kaffee bereitstand, begrüßte ich den Papagei Polly. Er kannte mich sogleich wieder, stieg vom Rand seines Käfigdaches auf meinen Finger herüber und senkte den schönen grauen Kopf, um sich streicheln zu lassen. Die Stube war frisch tapeziert, sonst war alles gleich geblieben, von den Bildern der Großeltern und dem Glasschrank bis zu der mit altmodischen Lilablumen bemalten Standuhr. Die Tassen standen auf dem gedeckten Tisch, und in der meinen stand ein kleiner Resedenstrauß, den ich herausnahm und ins Knopfloch steckte.

Mir gegenüber saß die Mutter und sah mich an und legte mir Milchwecken hin; sie ermahnte mich, über dem Reden das Essen nicht zu versäumen, und stellte doch selber eine Frage um die andere, die ich beantworten mußte. Der Vater hörte schweigend zu, strich seinen grau gewordenen Bart und sah mich durch die Brillengläser freundlich prüfend an. Und während ich ohne übertriebene Bescheidenheit von meinen Erlebnissen, Taten und Erfolgen berichtete, fühlte ich wohl, daß ich das Beste von allem diesen beiden zu danken habe.

An diesem ersten Tag wollte ich gar nichts sehen als das alte Vaterhaus, für alles andere war morgen und später noch Zeit genug. So gingen wir nach dem Kaffee durch alle Stuben, durch Küche, Gänge und Kammern, und fast alles war noch wie einstmals, und einiges Neue, das ich entdeckte, kam den andern auch schon alt und selbstverständlich vor, und sie stritten, ob es nicht schon zu meinen Zeiten so gewesen sei.

In dem kleinen Garten, der zwischen Efeumauern am Bergabhange liegt, schien die Nachmittagssonne auf saubere Wege und Tropfsteineinfassungen, auf das halbvolle Wasserfaß und auf die prächtig farbigen Beete, daß alles lachte. Wir setzten uns auf der Veranda in bequeme Stühle; dort floß das durch die großen transparenten Blätter des Pfeifenstrauches eindringende Sonnenlicht gedämpft und warm und lichtgrün, ein paar Bienen sumsten schwer und trunken dahin und hatten ihren Weg verloren. Der Vater sprach zum Dank für meine Heimkehr mit entblößtem Haupt das Vaterunser, wir standen still und hatten die Hände gefaltet, und obwohl die ungewohnte Feierlichkeit mich ein wenig bedrückte, hörte ich doch die alten heiligen Worte mit Freude und sprach das Amen dankbar mit.

Dann ging Vater in seine Studierstube, und die Geschwister liefen weg, es ward ganz still, und ich saß allein mit meiner Mutter an dem Tisch. Das war ein Augenblick, auf den ich mich schon gar lang gefreut und auch gefürchtet hatte. Denn wenn auch meine Rückkehr erfreulich und willkommen war, so war doch mein Leben in den letzten Jahren nicht durchaus sauber und durchsichtig gewesen.

Nun schaute mich die Mutter mit ihren schönen, warmen Augen an und las auf meinem Gesicht und überlegte sich vielleicht, was sie sagen und wonach sie fragen sollte. Ich hielt befangen still und spielte mit meinen Fingern, auf ein Examen gefaßt, das im ganzen zwar nicht allzu unrühmlich, im einzelnen jedoch recht beschämend ausfallen würde.

Sie sah mir eine Weile ruhig in die Augen, dann nahm sie meine Hand in ihre feinen, kleinen Hände.

»Betest du auch noch manchmal?« fragte sie leise.

»In der letzten Zeit nicht mehr«, mußte ich sagen, und sie blickte mich ein wenig bekümmert an.

»Du lernst es schon wieder«, meinte sie dann. Und ich sagte: Vielleicht.«

Dann schwieg sie eine Weile und fragte schließlich: »Aber gelt, ein rechter Mann willst du werden?«

Da konnte ich ja sagen. Sie aber, statt nun mit peinlichen Fragen zu kommen, streichelte meine Hand und nickte mir auf eine Weise zu, die bedeutete, sie habe Vertrauen zu mir, auch ohne eine Beichte. Und dann fragte sie nach meinen Kleidern und meiner Wäsche, denn in den letzten zwei Jahren hatte ich mich selbst versorgt und nichts mehr zum Waschen und Flicken heimgeschickt.

»Wir wollen morgen alles miteinander durchsehen«, sagte sie, nachdem ich Bericht erstattet hatte, und damit war das ganze Examen zu Ende.

Bald darauf holte die Schwester mich ins Haus. Im »schönen Zimmer« setzte sie sich ans Klavier und holte die Noten von damals heraus, die ich lang nimmer gehört und gesungen und doch nicht vergessen hatte. Wir sangen Lieder von Schubert und Schumann und nahmen dann den Silcher vor, die deutschen und ausländischen Volkslieder, bis es Zeit zum Nachtessen war. Da deckte meine Schwester den Tisch, während ich mich mit dem Papagei unterhielt, der trotz seines Namens für ein Männchen galt und der »Polly« hieß. Er sprach mancherlei, ahmte unsere Stimmen und unser Lachen nach und verkehrte mit jedem von uns auf einer besonderen, genau eingehaltenen Stufe von Freundschaftlichkeit. Am engsten war er mit meinem Vater befreundet, den er alles mit sich anfangen ließ, dann kam der Bruder, dann Mama, dann ich und zuletzt die Schwester, gegen die er ein Mißtrauen hegte.

Polly war das einzige Tier in unserm Hause und gehörte seit zwanzig Jahren wie ein Kind zu uns. Er liebte Gespräch, Gelächter und Musik, aber nicht in nächster Nähe. Wenn er allein war und im Nebenzimmer lebhaft sprechen hörte, lauschte er scharf, redete mit und lachte auf seine gutmütig ironische Art. Und manchmal, wenn er ganz unbeachtet und einsam auf seinem Klettergestäbe saß und Stille herrschte und die Sonne warm ins Zimmer schien, dann fing er in tiefen, wohligen Tönen an, das Leben zu preisen und Gott zu loben, in flötenähnlichen Lauten, und es klang feierlich, warm und innig, wie das selbstvergessene Singen eines einsam spielenden Kindes.

Nach dem Abendessen brachte ich eine halbe Stunde damit zu, den Garten zu gießen, und als ich naß und schmutzig wieder hereinkam, hörte ich vom Gang aus eine halb bekannte Mädchenstimme drinnen sprechen. Schnell wischte ich die Hände am Sacktuch ab und trat ein, da saß in einem lila Kleide und breitem Strohhut ein großes schönes Mädchen, und als sie aufstand und mich ansah und mir die Hand hinstreckte, erkannte ich Helene Kurz, eine Freundin meiner Schwester, in die ich früher einmal verliebt gewesen war.

»Haben Sie mich denn noch gekannt?« fragte ich vergnügt.

»Lotte hat mir schon gesagt, Sie seien heimgekommen«, sagte sie freundlich. Aber mich hätte es mehr gefreut, wenn sie einfach ja gesagt hätte. Sie war hoch gewachsen und gar schön geworden, ich wußte nichts weiter zu sagen und ging ans Fenster zu den Blumen, während sie sich mit der Mutter und Lotte unterhielt.

Meine Augen gingen auf die Straße, und meine Finger spielten mit den Blättern der Geranienstöcke, meine Gedanken aber waren nicht dabei. Ich sah einen blau-kalten Winterabend und lief auf dem Flusse zwischen den hohen Erlenstauden Schlittschuh und verfolgte von ferne in scheuen Halbkreisen eine Mädchengestalt, die noch nicht richtig Schlittschuh laufen konnte und sich von einer Freundin führen ließ.

Nun klang ihre Stimme, viel voller und tiefer gewor-den als früher, mir nahe und mir doch fast fremd; sie war eine junge Dame geworden, und ich kam mir nicht mehr gleichstehend und gleichaltrig vor, sondern wie wenn ich immer noch fünfzehnjährig wäre. Als sie ging, gab ich ihr wieder die Hand, verbeugte mich aber unnötig und ironisch tief und sagte: »Gute Nacht, Fräu-lein Kurz.«

»Ist die denn wieder daheim?« fragte ich nachher.

»Wo soll sie denn sonst sein?« meinte Lotte, und ich mochte nicht weiter davon reden.

Pünktlich um zehn Uhr wurde das Haus geschlos-sen, und die Eltern gingen ins Bett. Beim Gutenacht-kuß legte der Vater mir den Arm um die Schulter und sagte leise: »Das ist recht, daß wir dich wieder einmal zu Hause haben. Freut's dich auch?«

Alles ging zu Bett, auch die Magd hatte schon vor einer Weile gute Nacht gesagt, und nachdem noch ein paar Türen einigemal auf- und zugegangen waren, lag das ganze Haus in tiefer Nachtstille.

Ich aber hatte mir zuvor ein Krüglein Bier geholt

und kaltgestellt, das setzte ich in meinem Zimmer auf den Tisch, und da in den Wohnstuben bei uns nicht geraucht werden durfte, stopfte ich mir jetzt eine Pfeife und zündete sie an. Meine beiden Fenster gingen auf den dunklen, stillen Hof, von dem eine Steintreppe bergauf in den Garten führte. Dort droben sah ich die Tannen schwarz am Himmel stehen und darüber Sterne schimmern.

Länger als eine Stunde blieb ich noch auf, sah die kleinen wolligen Nachtflügler um meine Lampe geistern und blies langsam meine Rauchwolken gegen die geöffneten Fenster. In langen stillen Zügen gingen unzählige Bilder meiner Heimat- und Knabenzeit an meiner Seele vorüber, eine große, schweigende Schar, aufsteigend und erglänzend und wieder verschwindend wie Wogen auf einer Seefläche.

Am Morgen legte ich meinen besten Anzug an, um meiner Vaterstadt und den vielen alten Bekannten zu gefallen und einen sichtbaren Beweis dafür zu geben, daß es mir wohl ergangen und daß ich nicht als armer Teufel heimgekommen sei. Über unserm engen Tal stand der Sonnenhimmel glänzend blau, die weißen Straßen stäubten leicht, vor dem benachbarten Posthaus standen die Botenwagen aus den Walddörfern, und auf der Gasse spielten die kleinen Kinder mit Klickern und wollenen Bällen.

Mein erster Gang war über die alte steinerne Brücke, das älteste Bauwerk des Städtleins. Ich betrachtete die kleine gotische Brückenkapelle, an der ich früher tausendmal vorbeigelaufen war, dann lehnte ich mich auf die Brüstung und schaute den grünen, raschen Fluß hinauf und hinab. Die behagliche alte Mühle, an deren Giebelwand ein weißes Rad gemalt gewesen war, die war verschwunden, und an ihrem Platze stand ein neuer großer Bau aus Backsteinen, im übrigen war nichts verändert, und wie früher trieben sich unzählige Gänse und Enten auf dem Wasser und an den Ufern herum.

Jenseits der Brücke begegnete mir der erste Bekannte, ein Schulkamerad von mir, der Gerber geworden war. Er trug eine leuchtend orangegelbe Schürze und sah mich ungewiß und suchend an, ohne mich recht zu erkennen. Ich nickte ihm vergnügt zu und schlenderte weiter, während er mir nachschaute und sich noch immer besann. Am Fenster seiner Werkstatt begrüßte ich den Kupferschmied mit seinem prachtvollen weißen Bart – und schaute dann auch gleich zum Drechsler hinein, der seine Radsaite schnurren ließ und mir eine Prise anbot. Dann kam der Marktplatz mit seinem großen Brunnen und mit der heimeligen Rathaushalle. Dort war der Laden des Buchhändlers, und obwohl der alte Herr mich vor Jahren in übeln Ruf gebracht, weil ich Heines Werke bei ihm bestellt hatte, ging ich doch hinein und kaufte einen Bleistift und eine Ansichtspostkarte. Von hier war es nicht mehr weit bis zu den Schulhäusern, ich sah mir daher im Vorübergehen die alten Kästen an, witterte an den Toren den bekannten ängstlichen Schulduft und entrann aufatmend zur Kirche und dem Pfarrhaus.

Als ich noch einige Gassen abgestreift und mich beim Barbier hatte rasieren lassen, war es zehn Uhr und damit die Zeit, meinen Besuch beim Onkel Matthäus zu machen. Ich ging durch den stattlichen Hof in sein schönes Haus, stäubte mir im kühlen Gang die Hosen ab und klopfte an die Wohnstubentüre. Drinnen fand ich die Tante und beide Töchter beim Nähen, der Onkel war schon im Geschäft. Alles in diesem Hause atmete einen reinlichen, altmodisch tüchtigen Geist, ein wenig streng und zu deutlich aufs Nützliche gerichtet, aber auch heiter und zuverlässig. Was dort beständig gefegt, gekehrt, gewaschen, genäht, gestrickt und gesponnen wurde, ist nicht zu sagen, und dennoch fanden die Töchter noch die Zeit, um gute Musik zu machen. Beide spielten Klavier und sangen, und wenn sie die neueren Komponisten auch nicht kannten, so waren sie im Händel, Bach, Haydn und Mozart desto heimischer.

Die Tante sprang auf und mir entgegen, die Töchter machten ihren Stich noch fertig und gaben mir dann die Hand. Zu meinem Erstaunen wurde ich ganz als ein Ehrengast behandelt und in die feine Besuchsstube geführt. Ferner ließ Tante Berta sich durch keine Widerrede davon abhalten, mir ein Glas Wein und Backwerk vorzusetzen. Dann nahm sie mir gegenüber in einem der Staatsstühle Platz. Die Töchter blieben draußen bei der Arbeit.

Das Examen, mit dem meine gute Mutter mich gestern verschont hatte, brach nun zum Teil doch noch über mich herein. Doch kam es mir hier auch nicht darauf an, den ungenügenden Tatsachen durch meine Darstellung etwas mehr Glanz zu verleihen. Meine Tante hatte ein lebhaftes Interesse für die Persönlichkeiten geschätzter Kanzelredner, und sie fragte mich nach den Kirchen und Predigern aller Städte, in denen ich gelebt hatte, gründlich aus. Nachdem wir einige kleine Peinlichkeiten mit gutem Willen überwunden hatten, beklagten wir gemeinsam den vor zehn Jahren erfolgten Hingang eines berühmten Prälaten, den ich, falls er noch am Leben gewesen wäre, in Stuttgart hätte predigen hören können.

Darauf kam die Rede auf meine Schicksale, Erlebnisse und Aussichten, und wir fanden, ich hätte Glück gehabt und sei auf gutem Wege.

»Wer hätte das vor sechs Jahren gedacht!« meinte sie.

»Stand es eigentlich damals so traurig mit mir?« mußte ich nun doch fragen.

»Das nicht gerade, das nicht. Aber es war damals doch eine rechte Sorge für deine Eltern.«

Ich wollte sagen »für mich auch«, aber sie hatte im Grunde recht, und ich wollte die Streitigkeiten von damals nicht wieder aufwärmen.

»Das ist schon wahr«, sagte ich deshalb und nickte ernst.

»Du hast ja auch allerlei Berufe probiert.«

»Ja freilich, Tante. Und keiner davon reut mich. Ich will auch in dem, den ich jetzt habe, nicht immer bleiben.«

»Aber nein! Ist das dein Ernst? Wo du gerade eine so gute Anstellung hast? Fast zweihundert Mark im Monat, das ist ja für einen jungen Mann glänzend.«

»Wer weiß, wie lang's dauert, Tante.«

»Wer redet auch so! Es wird schon dauern, wenn du recht dabeibleibst.«

»Nun ja, wir wollen hoffen. Aber jetzt muß ich noch zu Tante Lydia hinauf und nachher zum Onkel ins Kontor. Also auf Wiedersehen, Tante Berta.«

»Ja, adieu. Es ist mir eine Freude gewesen. Zeig dich auch einmal wieder!«

»Ja, gern.«

In der Wohnstube sagte ich den beiden Mädchen adieu und unter der Zimmertür der Tante. Dann stieg ich die breite helle Treppe hinauf, und wenn ich bisher das Gefühl gehabt hatte, eine altmodische Luft zu atmen, so kam ich jetzt in eine noch viel altmodischere.

Droben wohnte in zwei Stüblein eine achtzigjährige Großtante, die mich mit der Zärtlichkeit und Galanterie einer vergangenen Zeit empfing. Da gab es Aquarellporträts von Urgroßonkeln, aus Glasperlen gestickte Deckchen und Beutel mit Blumensträußen und Landschaften drauf, ovale Bilderrähmchen und einen Duft von Sandelholz und altem, zartem Parfüm.

Tante Lydia trug ein dunkelviolettes Kleid von ganz

einfachem Schnitt, und außer der Kurzsichtigkeit und dem leisen Zittern des Kopfes war sie erstaunlich frisch und jung. Sie zog mich auf ein schmales Kanapee und fing nicht etwa an, von großväterlichen Zeiten zu reden, sondern fragte nach meinem Leben und meinen Ideen und hatte für alles Aufmerksamkeit und Interesse. So alt sie war und so entlegen urväterisch es bei ihr roch und aussah, sie war doch bis vor zwei Jahren noch öfters auf Reisen gewesen und hatte von der heutigen Welt, ohne sie durchaus zu billigen, eine deutliche und nicht übelwollende Vorstellung, die sie gerne frisch hielt und ergänzte. Dabei besaß sie eine artige und liebenswerte Fertigkeit in der Konversation; wenn man bei ihr saß, floß das Gespräch ohne Pausen und war immer irgendwie interessant und angenehm.

Als ich ging, küßte sie mich und entließ mich mit einer segnenden Gebärde, die ich bei niemand sonst gesehen habe.

Den Onkel Matthäus suchte ich in seinem Kontor auf, wo er über Zeitungen und Katalogen saß. Er machte mir die Ausführung meines Entschlusses, keinen Stuhl zu nehmen und recht bald wieder zu gehen, nicht schwer.

»So, bist du auch wieder im Land?« sagte er.

»Ja, auch wieder einmal. 's ist lang her.«

»Und jetzt geht's dir gut, hört man?«

»Recht gut, danke.«

»Mußt auch meiner Frau grüß Gott sagen, gelt?«

»Ich bin schon bei ihr gewesen.«

»So, das ist brav. Na, dann ist ja alles gut.«

Damit senkte er das Gesicht wieder in sein Buch und streckte mir die Hand hin, und da er annähernd die Richtung getroffen hatte, ergriff ich sie schnell und ging vergnügt hinaus.

Nun waren die Staatsbesuche gemacht, und ich ging zum Essen heim, wo es mir zu Ehren Reis und Kalbsbraten gab. Nach Tisch zog mich mein Bruder Fritz beiseite in sein Stübchen, wo meine frühere Schmetterlingssammlung unter Glas an der Wand hing. Die Schwester wollte mitplaudern und streckte den Kopf zur Türe herein, aber Fritz winkte wichtig ab und sagte: »Nein, wir haben ein Geheimnis.«

Dann sah er mich prüfend an, und da er auf meinem Gesicht die genügende Spannung wahrnahm, zog er unter seiner Bettstatt eine Kiste hervor, deren Deckel mit einem Stück Blech belegt und mit mehreren tüchtigen Steinen beschwert war.

»Rat, was da drinnen ist«, sagte er leise und listig.

Ich besann mich auf unsere ehemaligen Liebhabereien und Unternehmungen und rief: »Eidechsen.«

»Nein.«

»Ringelnattern?«

»Nichts.«

»Raupen?«

»Nein, nichts Lebendiges.«

»Nicht? Warum ist dann die Kiste so gut verwahrt?«

»Es gibt gefährlichere Sachen als Raupen.«

»Gefährlich? Aha – Pulver?«

Statt der Antwort nahm er den Deckel ab, und ich erblickte in der Kiste ein bedeutendes Arsenal von Pulverpaketchen von verschiedenem Korn, Holzkohle, Zunder, Zündschnüren, Schwefelstückchen, Schachteln mit Salpeter und Eisenfeilspänen,

»Nun, was sagst du?«

Ich wußte, daß mein Vater keine Nacht mehr hätte schlafen können, wenn ihm bekannt gewesen wäre, daß im Bubenzimmer eine Kiste solchen Inhaltes lagerte. Aber Fritz leuchtete so vor Wonne und Überrascherfreude, daß ich diesen Gedanken nur vorsichtig andeutete und mich bei seinem Zureden sofort beruhigte. Denn ich selber war moralisch schon mitschuldig geworden und freute mich auf die Feuerwerkerei wie ein Lehrling auf den Feierabend.

»Machst du mit?« fragte Fritz.

»Natürlich. Wir können's ja abends hie und da in den Gärten loslassen, nicht?«

»Freilich können wir. Neulich hab ich im Anger draußen einen Bombenschlag mit einem halben Pfund Pulver gemacht. Es hat geklöpft wie ein Erdbeben. Aber jetzt hab ich kein Geld mehr, und wir brauchen noch allerlei.«

»Ich geb einen Taler.«

»Fein, du! Dann gibt's Raketen und Riesenfrösche.«

»Aber vorsichtig, gelt?«;

»Vorsichtig! Mir ist noch nie was passiert.«

Das war eine Anspielung auf ein böses Mißgeschick, das ich als Vierzehnjähriger beim Feuerwerken erlebt hatte und das mich um ein Haar Augenlicht und Leben gekostet hätte.

Nun zeigte er mir die Vorräte und die angefangenen Stücke, weihte mich in einige seiner neuen Versuche und Erfindungen ein und machte mich auf andere neugierig, die er mir vorführen wollte und einstweilen noch geheimhielt. Darüber verging seine Mittagsstunde, und er mußte ins Geschäft. Und kaum hatte ich nach seinem Weggehen die unheimliche Kiste wieder bedeckt und unterm Bett verstaut, da kam Lotte und holte mich zum Spaziergang mit Papa ab.

»Wie gefällt dir Fritz?« fragte der Vater. »Nicht wahr, er ist groß geworden?«

»O ja.«

»Und auch ordentlich ernster, nicht? Er fängt doch an, aus den Kindereien herauszukommen. Ja, nun habe ich lauter erwachsene Kinder.«

Es geht an, dachte ich und schämte mich ein wenig. Aber es war ein prächtiger Nachmittag, in den Kornfeldern flammte der Mohn und lachten die Kornraden, wir spazierten langsam und sprachen von lauter vergnüglichen Dingen. Wohlbekannte Wege und Waldränder und Obstgärten begrüßten mich und winkten mir zu, und die früheren Zeiten kamen wieder herauf und sahen so hold und strahlend aus, als wäre damals alles gut und vollkommen gewesen.

»Jetzt muß ich dich noch was fragen«, fing Lotte an. »Ich habe im Sinn gehabt, eine Freundin von mir für ein paar Wochen einzuladen.«

»So, von woher denn?«

»Von Ulm. Sie ist zwei Jahre älter als ich. Was meinst du? Jetzt, wo wir dich da haben, bist du die Hauptsache, und du mußt es nur sagen, wenn der Besuch dich genieren würde.«

»Was ist's denn für eine?«

»Sie hat das Lehrerinnenexamen gemacht –«

»O je!«

»Nicht o je. Sie ist sehr nett und gar kein Blaustrumpf, sicher nicht. Sie ist auch nicht Lehrerin geworden.«

»Warum denn nicht?«

»Das mußt du sie selber fragen.«

»Also kommt sie doch?«

»Kindskopf! Es kommt auf dich an. Wenn du meinst, wir bleiben lieber unter uns, dann kommt sie später einmal. Drum frag ich ja.«

»Ich will's an den Knöpfen abzählen.«

»Dann sag lieber gleich ja.«

»Also, ja.«

»Gut. Dann schreib ich heute noch.«

»Und einen Gruß von mir.«

»Er wird sie kaum freuen.«

»Übrigens, wie heißt sie denn?«

»Anna Amberg.«

»Amberg ist schön. Und Anna ist ein Heiligenname, aber ein langweiliger, schon weil man ihn nicht abkürzen kann.«

»Wär dir Anastasia lieber?«

»Ja, da könnte man Stasi oder Stasel draus machen.«

Mittlerweile hatten wir die letzte Hügelhöhe erreicht, die von einem Absatz zum andern nahe geschienen und sich hingezögert hatte. Nun sahen wir von einem Felsen über merkwürdig verkürzte, abschüssige Felder hinweg, durch die wir gestiegen waren, tief im engen Tal die Stadt liegen. Hinter uns aber stand auf welligem Lande stundenweit der schwarze Tannenwald, hin und wieder von schmalen Wiesen oder von einem Stück Kornland unterbrochen, das aus der bläulichen Schwärze heftig hervorleuchtete.

»Schöner als hier ist's eigentlich doch nirgends«, sagte ich nachdenklich.

Mein Vater lächelte und sah mich an.

»Es ist deine Heimat, Kind. Und schön ist sie, das ist wahr.«

»Ist deine Heimat schöner, Papa?«

»Nein, aber wo man ein Kind war, da ist alles schön und heilig. Hast du nie Heimweh gehabt, du?«

»Doch, hie und da schon.«

In der Nähe war eine Waldstelle, da hatte ich in Bubenzeiten manchmal Rotkehlchen gefangen. Und etwas weiter mußten noch die Trümmer einer Steinburg stehen, die wir Knaben einst gebaut hatten. Aber der Vater war müde, und nach einer kleinen Rast kehrten wir um und stiegen einen anderen Weg bergab.

Gern hätte ich über die Helene Kurz noch einiges erfahren, doch wagte ich nicht davon anzufangen, da ich durchschaut zu werden fürchtete. In der unbeschäftigten Ruhe des Daheimseins und in der frohen Aussicht auf mehrere müßiggängerische Ferienwochen wurde mein junges Gemüt von beginnender Sehnsucht und von Liebesplänen bewegt, für die es nur noch eines günstigen Ausgangspunktes bedurfte. Aber der fehlte mir gerade, und je mehr ich innerlich mit dem Bild der schönen Jungfer beschäftigt war, desto weniger fand ich die Unbefangenheit, um nach ihr und ihren Umständen zu fragen.

Im langsamen Heimspazieren sammelten wir an den Feldrändern große Blumensträuße, eine Kunst, die ich lange Zeit nicht mehr geübt hatte. In unserem Haus war von der Mutter her die Gewohnheit, in den Zimmern nicht nur Topfblumen zu halten, sondern auch auf allen Tischen und Kommoden immer frische Sträuße stehen zu haben. Zahlreiche einfache Vasen, Gläser und Krüge hatten sich in den Jahren angesammelt, und wir Geschwister kehrten kaum von einem Spaziergang zurück, ohne Blumen, Farnkräuter oder Zweige mitzubringen.

Mir schien, ich hätte jahrelang gar keine Feldblumen mehr gesehen. Denn diese sehen gar anders aus, wenn man sie im Dahinwandern mit malerischem Wohlgefallen als Farbeninseln im grünen Erdreich betrachtet, als wenn man kniend und gebückt sie einzeln sieht und die schönsten zum Pflücken aussucht. Ich entdeckte kleine verborgene Pflanzen, deren Blüten mich an Ausflüge in der Schulzeit erinnerten, und andere, die meine Mutter besonders gern gehabt oder mit besonderen, von ihr selbst erfundenen Namen bedacht hatte. Die gab es alle noch, und mit jeder von ihnen ging mir eine Erinnerung auf, und aus jedem blauen oder gelben Kelche schaute meine freudige Kindheit mir ungewohnt lieb und nahe in die Augen.

Im sogenannten Saal unseres Hauses standen viele hohe Kästen aus rohem Tannenholz, in denen stand und lag ein konfuser Bücherschatz aus großväterlichen Zeiten ungeordnet und einigermaßen verwahrlost umher. Da hatte ich als kleiner Knabe in vergilbten Ausgaben mit fröhlichen Holzschnitten den Robinson und den Gulliver gefunden und gelesen, alsdann alte Seefahrer- und Entdeckergeschichten, später aber auch viele schöngeistige Literatur, wie »Siegwart, eine Klostergeschichte«, »Der neue Amadis«, »Werthers Leiden« und den Ossian, alsdann viele Bücher von Jean Paul, Stilling, Walter Scott, Platen, Balzac und Victor Hugo sowie die kleine Ausgabe von Lavaters Physiognomik und zahlreiche Jahrgänge niedlicher Almanache, Taschenbücher und Volkskalender, alte mit Kupferstichen von Chodowiecki, spätere, von Ludwig Richter illustrierte, und schweizerische mit Holzschnitten von Disteli.

Aus diesem Schatze nahm ich abends, wenn nicht musiziert wurde oder wenn ich nicht mit Fritz über Pulverhülsen saß, irgendeinen Band mit in meine Stube und blies den Rauch meiner Pfeife in die gelblichen Blätter, über denen meine Großeltern geschwärmt, geseufzt und nachgedacht hatten. Einen Band des »Titan« von Jean Paul hatte mein Bruder zu Feuerwerkszwecken ausgeweidet und verbraucht. Als ich die zwei ersten Bände gelesen hatte und den dritten suchte, gestand er es und gab vor, der Band sei ohnehin defekt gewesen.

Diese Abende waren immer schön und unterhaltsam. Wir sangen, die Lotte spielte Klavier, und Fritz geigte, Mama erzählte Geschichten aus ihrer Kinderzeit, Polly flötete im Käfig und weigerte sich, zu Bett zu gehen. Der Vater ruhte am Fenster aus oder klebte an einem Bilderbuch für kleine Neffen.

Doch empfand ich es keineswegs als eine Störung, als eines Abends Helene Kurz wieder für eine halbe Stunde zum Plaudern kam. Ich sah sie immer wieder mit Erstaunen an, wie schön und vollkommen sie geworden war. Als sie kam, brannten gerade noch die Klavierkerzen, und sie sang bei einem zweistimmigen Liede mit. Ich aber sang nur ganz leise, um von ihrer tiefen Stimme jeden Ton zu hören. Ich stand hinter ihr und sah durch ihr braunes Haar das Kerzenlicht golden flimmern, sah, wie ihre Schultern sich beim Singen leicht bewegten, und dachte, daß es köstlich sein müsste, mit der Hand ein wenig über ihr Haar zu streichen.

Ungerechtfertigterweise hatte ich das Gefühl, mit ihr von früher her durch gewisse Erinnerungen in einer Art von Verbindung zu sein, weil ich schon im Konfirmationsalter in sie verliebt gewesen war, und ihre gleichgültige Freundlichkeit war mir eine kleine Enttäuschung. Denn ich dachte nicht daran, daß jenes Verhältnis nur von meiner Seite bestanden hatte und ihr durchaus unbekannt geblieben war.

Nachher, als sie ging, nahm ich meinen Hut und ging bis zur Glastüre mit.

»Gut Nacht«, sagte sie. Aber ich nahm ihre Hand nicht, sondern sagte: »Ich will Sie heimbegleiten.«

Sie lachte.

»O, das ist nicht nötig, danke schön. Es ist ja hier gar nicht Mode.«

»So?« sagte ich und ließ sie an mir vorbeigehen. Aber da nahm meine Schwester ihren Strohhut mit den blauen Bändern und rief: »Ich geh auch mit.«

Und wir stiegen zu dritt die Treppe hinunter, ich machte eifrig das schwere Haustor auf, und wir traten in die laue Dämmerung hinaus und gingen langsam durch die Stadt, über Brücke und Marktplatz und in die steile Vorstadt hinauf, wo Helenes Eltern wohnten. Die zwei Mädchen plauderten miteinander wie die Stare, und ich hörte zu und war froh, dabei zu sein und zum Kleeblatt zu gehören. Zuweilen ging ich langsamer, tat, als schaue ich nach dem Wetter aus, und blieb einen Schritt zurück, dann konnte ich sie ansehen, wie sie den dunkeln Kopf frei auf dem steilen, hellen Nacken trug und wie sie kräftig ihre ebenmäßigen schlanken Schritte tat.

Vor ihrem Hause gab sie uns die Hand und ging hinein, ich sah ihren Hut noch im finsteren Hausgang schimmern, ehe die Tür zuschnappte.

»Ja«, sagte Lotte. »Sie ist doch ein schönes Mädchen, nicht? Und sie hat etwas so Liebes.«

»Jawohl. – Und wie ist's jetzt mit deiner Freundin, kommt sie bald?«

»Geschrieben hab ich ihr gestern.«

»So so. Ja, gehen wir den gleichen Weg heim?«

»Ach so, wir könnten den Gartenweg gehen, gelt?« Wir gingen den schmalen Steig zwischen den Gartenzäunen. Es war schon dunkel, und man mußte aufpassen, da es viele baufällige Knüppelstufen und heraushängende morsche Zaunlatten gab.

Wir waren schon nahe an unserem Garten und konnten drüben im Haus die Wohnstubenlampe lange brennen sehen.

Da machte eine leise Stimme: »Bst! Bst!« und meine Schwester bekam Angst. Es war aber unser Fritz, der sich dort verborgen hatte und uns erwartete.

»Paßt auf und bleibt stehen!« rief er herüber. Dann zündete er mit einem Schwefelholz eine Lunte an und kam zu uns herüber.

»Schon wieder Feuerwerk?« schalt Lotte.

»Es knallt fast gar nicht«, versicherte Fritz. »Paßt nur auf, es ist eine Erfindung von mir.«

Wir warteten, bis die Lunte abgebrannt war. Dann begann es zu knistern und kleine unwillige Funken zu spritzen, wie nasses Schießpulver. Fritz glühte vor Lust.

»Jetzt kommt es, jetzt gleich, zuerst weißes Feuer, dann ein kleiner Knall und eine rote Flamme, dann eine schöne blaue!«

Es kam jedoch nicht so, wie er meinte. Sondern nach einigem Zucken und Sprühen flog plötzlich die ganze Herrlichkeit mit einem kräftigen Paff und Luftdruck als eine weiße Dampfwolke in die Lüfte.

Lotte lachte, und Fritz war unglücklich. Während ich ihn zu trösten suchte, schwebte die dicke Pulverwolke feierlich langsam über die dunkeln Gärten hinweg.

»Das Blaue hat man ein wenig sehen können«, fing Fritz an, und ich gab es zu. Dann schilderte er mir fast weinerlich die ganze Konstruktion seines Prachtfeuers, und wie alles hätte gehen sollen.

»Wir machen's noch einmal«, sagte ich.

»Morgen?«

»Nein, Fritz. Nächste Woche dann.«

Ich hätte geradesogut morgen sagen können. Aber ich hatte den Kopf voller Gedanken an die Helene Kurz und war in dem Wahn befangen, es könnte morgen leicht etwas Glückliches geschehen, vielleicht daß sie am Abend wieder käme oder daß sie mich auf einmal gut leiden könnte. Kurz, ich war jetzt mit Dingen beschäftigt, die mir wichtiger und aufregender vorkamen als alle Feuerwerkskünste der ganzen Welt.

Wir gingen durch den Garten ins Haus und fanden in der Wohnstube die Eltern beim Brettspiel. Das war alles einfach und selbstverständlich und konnte gar nicht anders sein. Und ist doch so anders geworden, daß es mir heute unendlich fern zu liegen scheint. Denn heute habe ich jene Heimat nicht mehr. Das alte Haus, der Garten und die Veranda, die wohlbekannten Stuben, Möbel und Bilder, der Papagei in seinem großen Käfig, die liebe alte Stadt und das ganze Tal ist mir fremd geworden und gehört nicht mehr mir. Mutter und Vater sind gestorben, und die Kinderheimat ist zu Erinnerung und Heimweh geworden; es führt keine Straße mich mehr dorthin.

Nachts gegen elf Uhr, da ich über einem dicken Band Jean Paul saß, fing meine kleine Öllampe an, trübe zu werden. Sie zuckte und stieß kleine ängstliche Töne aus, die Flamme wurde rot und rußig, und als ich nachschaute und am Docht schraubte, sah ich, daß kein Öl mehr drin war. Es tat mir leid um den schönen Roman, an dem ich las, aber es ging nicht an, jetzt noch im dunkeln Hause umherzutappen und nach Öl zu suchen.

So blies ich die qualmende Lampe aus und stieg unmutig ins Bett. Draußen hatte sich ein warmer Wind

erhoben, der mild in den Tannen und im Syringenge-
büsch wehte. Im grasigen Hof drunten sang eine Grille.
Ich konnte nicht einschlafen und dachte nun wieder an
Helene. Es kam mir völlig hoffnungslos vor, von diesem
so feinen und herrlichen Mädchen jemals etwas anderes
gewinnen zu können als das sehnsüchtige Anschauen,
das ebenso wehe wie wohl tat. Mir wurde heiß und elend,
wenn ich mir ihr Gesicht und den Klang ihrer tiefen
Stimme vorstellte und ihren Gang, den sicheren und
energischen Takt der Schritte, mit dem sie am Abend
über die Straße und den Marktplatz gegangen war.

Schließlich sprang ich wieder auf, ich war viel zu
warm und unruhig, als daß ich hätte schlafen können.
Ich ging ans Fenster und sah hinaus. Zwischen strähni-
gen Schleierwolken schwamm blaß der abnehmende
Mond; die Grille sang noch immer im Hof. Am liebsten wäre ich noch eine Stunde draußen herumgelaufen.
Aber die Haustür wurde bei uns um zehn Uhr geschlos-
sen, und wenn es etwa einmal passierte, daß sie nach
dieser Stunde noch geöffnet und benutzt werden mußte,
so war das in unserm Haus stets ein ungewöhnliches,
störendes und abenteuerliches Ereignis. Ich wußte auch
gar nicht, wo der Hausschlüssel hing.

Da fielen mir vergangene Jahre ein, da ich als halb-
wüchsiger Bursche das häusliche Leben bei den Eltern
zeitweilig als Sklaverei empfunden und mich nächtlich
mit schlechtem Gewissen und Abenteurertrotz aus dem
Hause geschlichen hatte, um in einer späten Kneipe

eine Flasche Bier zu trinken. Dazu hatte ich die nur mit Riegeln geschlossene Hintertüre nach dem Garten zu benützt, dann war ich über den Zaun geklettert und hatte auf dem schmalen Steig zwischen den Nachbargärten hindurch die Straße erreicht.

Ich zog die Hose an, mehr war bei der lauen Luft nicht nötig, nahm die Schuhe in die Hand und schlich barfuß aus dem Hause, stieg über den Gartenzaun und spazierte durch die schlafende Stadt langsam talaufwärts den Fluß entlang, der verhalten rauschte und mit kleinen zitternden Mondspiegellichtern spielte.

Bei Nacht im Freien unterwegs zu sein, unter dem schweigenden Himmel, an einem still strömenden Gewässer, das ist stets geheimnisvoll und regt die Gründe der Seele auf. Wir sind dann unserm Ursprung näher, fühlen Verwandtschaft mit Tier und Gewächs, fühlen dämmernde Erinnerungen an ein vorzeitliches Leben, da noch keine Häuser und Städte gebaut waren und der heimatlos streifende Mensch Wald, Strom und Gebirg, Wolf und Habicht als seinesgleichen, als Freunde oder Todfeinde lieben und hassen konnte. Auch entfernt die Nacht das gewohnte Gefühl eines gemeinschaftlichen Lebens; wenn kein Licht mehr brennt und keine Menschenstimme mehr zu hören ist, spürt der etwa noch Wachende Vereinsamung und sieht sich losgetrennt und auf sich selber gewiesen. Jenes furchtbarste menschliche Gefühl, unentrinnbar allein zu sein, allein zu leben und allein den Schmerz, die Furcht und den Tod schmecken und ertragen zu müssen, klingt dann bei jedem Gedanken leise mit, dem Gesunden und Jungen ein Schatten und eine Mahnung, dem Schwachen ein Grauen.

Ein wenig davon fühlte auch ich, wenigstens schwieg mein Unmut und wich einem stillen Betrachten. Es tat mir weh, daran zu denken, daß die schöne, begehrenswerte Helene wahrscheinlich niemals mit ähnlichen Gefühlen an mich denken werde wie ich an sie; aber ich wußte auch, daß ich am Schmerz einer unerwiderten Liebe nicht zugrunde gehen würde, und ich hatte eine unbestimmte Ahnung davon, daß das geheimnisvolle Leben dunklere Schlünde und ernstere Schicksale berge als die Ferienleiden eines jungen Mannes.

Dennoch blieb mein erregtes Blut warm und schuf ohne meinen Willen aus dem lauen Winde Streichelhände und braunes Mädchenhaar, so daß der späte Gang mich weder müde noch schläfrig machte. Da ging ich über die bleichen Öhmdwiesen zum Fluß hinunter, legte meine leichte Kleidung ab und sprang ins kühle Wasser, dessen rasche Strömung mich sogleich zu Kampf und kräftigem Widerstand nötigte. Ich schwamm eine Viertelstunde flußaufwärts, Schwüle und Wehmut rannen mit dem frischen Flußwasser von mir ab, und als ich gekühlt und leicht ermüdet meine Kleider wieder suchte und naß hineinschlüpfte, war mir die Rückkehr zu Haus und Bett leicht und tröstlich.

Nach der Spannung der ersten Tage kam ich allmählich in die stille Selbstverständlichkeit des heimatlichen Lebens hinein. Wie hatte ich mich draußen herumgetrieben, von Stadt zu Stadt, unter vielerlei Menschen, zwischen Arbeit und Träumereien, zwischen Studien und Zechnächten, eine Weile von Brot und Milch und wieder eine Weile von Lektüre und Zigarren lebend, jeden Monat ein anderer! Und hier war es wie vor zehn und wie vor zwanzig Jahren, hier liefen die Tage und Wochen in einem heiter stillen, gleichen Takt dahin. Und ich, der ich fremd geworden und an ein unstetes und vielfältiges Erleben gewöhnt war, paßte nun wieder da hinein, als wäre ich nie fort gewesen, nahm Interesse an Menschen und Sachen, die ich jahrelang durchaus vergessen gehabt hatte, und vermißte nichts von dem, was die Fremde mir gewesen war.

Die Stunden und Tage liefen mir leicht und spurlos hinweg wie Sommergewölk, jeder ein farbiges Bild und jeder ein schweifendes Gefühl, aufrauschend und glänzend und bald nur noch traumhaft nachklingend. Ich goß den Garten, sang mit Lotte, pulverte mit Fritz, ich plauderte mit der Mutter über fremde Städte und mit dem Vater über neue Weltbegebenheiten, ich las Goethe und las Jacobsen, und eines ging ins andere über und vertrug sich mit ihm, und keines war die Hauptsache.

Die Hauptsache schien mir damals Helene Kurz und meine Bewunderung für sie zu sein. Aber auch das war da wie alles andere, bewegte mich für Stunden und sank für Stunden wieder unter, und ständig war nur mein fröhlich atmendes Lebensgefühl, das Gefühl eines Schwimmers, der auf glattem Wasser ohne Eile und ohne Ziel mühelos und sorglos unterwegs ist. Im Walde schrie der Häher und reiften die Heidelbeeren, im Garten blühten Rosen und feurige Kapuziner, ich nahm teil daran, fand die Welt prächtig und wunderte mich, wie es sein würde, wenn auch ich einmal ein richtiger Mann und alt und gescheit wäre.

Eines Nachmittags kam ein großes Floß durch die Stadt gefahren, darauf sprang ich und legte mich auf einen Bretterhaufen und fuhr ein paar Stunden lang mit flußabwärts, an Höfen und Dörfern vorbei und unter Brücken durch, und über mir zitterte die Luft und kochten schwüle Wolken mit leisem Donner, und unter mir schlug und lachte frisch und schaumig das kühle Flußwasser. Da dachte ich mir aus, die Kurz wäre mit, und ich hätte sie entführt, wir säßen Hand in Hand und zeigten einander Herrlichkeiten der Welt von hier bis nach Holland hinunter.

Als ich weit unten im Tal das Floß verließ, sprang ich zu kurz und kam bis an die Brust ins Wasser, aber auf dem warmen Heimweg trockneten mir die dampfenden Kleider auf dem Leib. Und als ich bestaubt und müde nach langem Marsch die Stadt wieder erreichte, begegnete mir bei den ersten Häusern Helene Kurz in einer roten Bluse. Ich zog den Hut, und sie nickte, und ich dachte an meinen Traum, wie sie mit mir Hand in Hand den Fluß hinabreiste und du zu mir sagte, und diesen Abend lang schien mir wieder alles hoffnungslos, und ich kam mir wie ein dummer Plänemacher und Sterngucker vor. Dennoch rauchte ich vor dem Schlafengehen meine schöne Pfeife, auf deren Kopf zwei grasende Rehe gemalt waren, und las im Wilhelm Meister bis nach elf Uhr.

Und am folgenden Abend ging ich gegen halb neun Uhr mit meinem Bruder Fritz auf den Hochstein hinauf. Wir hatten ein schweres Paket mit, das wir abwechselnd trugen und das ein Dutzend starker Frösche, sechs Raketen und drei große Kanonenschläge samt allerlei kleinen Sachen enthielt.

Es war lau, und die bläuliche Luft hing voll feiner, leise hinwehender Florwölkchen, die über Kirchturm und Berggipfel hinwegflogen und die blassen ersten Sternbilder häufig verdeckten. Vom Hochstein herab, wo wir zuerst eine kleine Rast hielten, sah ich unser enges Flußtal in bleichen abendlichen Farben liegen. Während ich die Stadt und das nächste Dorf, Brücken und Mühlwehre und den schmalen, vom Gebüsch eingefaßten Fluß betrachtete, beschlich mich mit der Abendstimmung wieder der Gedanke an das schöne Mädchen, und ich hätte am liebsten einsam geträumt und auf den Mond gewartet. Das ging jedoch nicht an, denn mein Bruder hatte schon ausgepackt und überraschte mich von hinten durch zwei Frösche, die er, mit einer Schnur verbunden und an eine Stange geknüpft, dicht an meinen Ohren losließ.

Ich war ein wenig ärgerlich. Fritz aber lachte so hingerissen und war so vergnügt, daß ich schnell angesteckt wurde und mitmachte. Wir brannten rasch hintereinander die drei extra starken Kanonenschläge ab und hörten die gewaltigen Schüsse talauf und talhinab in langem, rollendem Widerhall vertönen. Dann kamen Frösche, Schwärmer und ein großes Feuerrad, und zum Schlusse ließen wir langsam eine nach der andern unserer schönen Raketen in den schwarz gewordenen Nachthimmel steigen.

»So eine rechte, gute Rakete ist eigentlich fast wie ein Gottesdienst«, sagte mein Bruder, der zuzeiten gern in Bildern redete, »oder wie wenn man ein schönes Lied singt, nicht? Es ist so feierlich.«

Unsern letzten Frosch warfen wir auf dem Heimweg am Schindelhof zu dem bösen Hofhund hinein, der entsetzt aufheulte und uns noch eine Viertelstunde lang wütend nachbellte. Dann kamen wir ausgelassen und mit schwarzen Fingern heim, wie zwei Buben, die eine lustige Lumperei verübt haben. Und den Eltern erzählten wir rühmend von dem schönen Abendgang, der Talaussicht und dem Sternenhimmel.

Eines Morgens, während ich am Flurfenster meine Pfeife reinigte, kam Lotte gelaufen und rief: »So, um elfe kommt meine Freundin an.«

»Die Anna Amberg?«

»Jawohl. Gelt, wir holen sie dann ab?«

»Mir ist's recht.«

Die Ankunft des erwarteten Gastes, an den ich gar nimmer gedacht hatte, freute mich nur mäßig. Aber zu ändern war es nicht, also ging ich gegen elf Uhr mit meiner Schwester an die Bahn. Wir kamen zu früh und liefen vor der Station auf und ab.

»Vielleicht fährt sie zweiter Klasse«, sagte Lotte.

Ich sah sie ungläubig an.

»Es kann schon sein. Sie ist aus einem wohlhabenden Haus, und wenn sie auch einfach ist –«

Mir graute. Ich stellte mir eine Dame mit verwöhnten Manieren und beträchtlichem Reisegepäck vor, die aus der zweiten Klasse steigen und mein behagliches Vaterhaus ärmlich und mich selber nicht fein genug finden würde.

»Wenn sie Zweiter fährt, dann soll sie lieber gleich weiterfahren, weißt du.«

Lotte war ungehalten und wollte mich zurechtweisen, da fuhr aber der Zug herein und hielt, und Lotte lief schnell hinüber. Ich folgte ihr ohne Eile und sah ihre Freundin aus einem Wagen dritter Klasse aussteigen, ausgerüstet mit einem grauseidenen Schirm, einem Plaid und einem bescheidenen Handkoffer.

»Das ist mein Bruder, Anna«

Ich sagte »Grüß Gott«, und weil ich trotz der dritten Klasse nicht wußte, wie sie darüber denken würde, trug ich ihren Koffer, so leicht er war, nicht selber fort, sondern winkte den Packträger herbei, dem ich ihn übergab. Dann schritt ich neben den beiden Fräulein in die Stadt und wunderte mich, wieviel sie einander zu erzählen hatten. Aber Fräulein Amberg gefiel mir gut. Zwar enttäuschte es mich ein wenig, daß sie nicht sonderlich hübsch war, doch dafür hatte sie etwas Angenehmes im Gesicht und in der Stimme, das wohltat und Vertrauen erweckte.

Ich sehe noch, wie meine Mutter die beiden an der Glastüre empfing. Sie hatte einen guten Blick für Menschengesichter, und wen sie nach dem ersten prüfenden Anschauen mit einem Lächeln willkommen hieß, der konnte sich auf gute Tage gefaßt machen. Ich sehe noch, wie sie der Amberg in die Augen blickte und wie sie ihr dann zunickte und beide Hände gab und sie ohne Worte gleich vertraut und heimisch machte. Nun war meine mißtrauische Sorge wegen des fremden Wesens vergangen, denn der Gast nahm die dargebotene Hand und Freundlichkeit herzhaft und ohne Redensarten an und war von der ersten Stunde an bei uns heimisch.

In meiner jungen Weisheit und Lebenskenntnis stellte ich noch an jenem ersten Tage fest, das angenehme Mädchen besitze eine harmlose, natürliche Heiterkeit und sei, wenn auch vielleicht wenig lebenserfahren, jedenfalls ein schätzbarer Kamerad. Daß es eine höhere und wertvollere Heiterkeit gebe, die einer nur in Not und Leid erwirbt und mancher nie, das ahnte ich zwar, doch war es mir keine Erfahrung. Und daß unser Gast diese seltene Art versöhnlicher Fröhlichkeit besaß, blieb meiner Beobachtung einstweilen verborgen.

Mädchen, mit denen man kameradschaftlich umgehen und über Leben und Literatur reden konnte, waren in meinem damaligen Lebenskreise Seltenheiten. Die Freundinnen meiner Schwester waren mir bisher stets entweder Gegenstände des Verliebens oder gleichgültig gewesen. Nun war es mir neu und lieblich, mit einer jungen Dame ohne Geniertheit umgehen und mit ihr wie mit meinesgleichen über mancherlei plaudern zu können. Denn trotz der Gleichheit spürte ich in Stimme, Sprache und Denkart doch das Weibliche, das mich warm und zart berührte.

Nebenher merkte ich mit einer leisen Beschämung, wie still und geschickt und ohne Aufsehen Anna unser Leben teilte und sich in unsere Art fand. Denn alle meine Freunde, die schon als Feriengäste dagewesen waren, hatten einigermaßen Umstände gemacht und Fremdheit mitgebracht; ja ich selber war in den ersten Tagen nach der Heimkehr lauter und anspruchsvoller als nötig gewesen.

Zuweilen war ich erstaunt, wie wenig Rücksichtnahme Anna von mir verlangte; im Gespräch konnte ich sogar fast grob werden, ohne sie verletzt zu sehen. Wenn ich dagegen an Helene Kurz dachte! Gegen diese hätte ich auch im eifrigsten Gespräch nur behutsame und respektvolle Worte gehabt.

Übrigens kam Helene dieser Tage mehrmals zu uns und schien die Freundin meiner Schwester gern zu haben. Einmal waren wir alle zusammen bei Onkel Matthäus in den Garten eingeladen. Es gab Kaffee und Kuchen und nachher Stachelbeerwein, zwischenein machten wir gefahrlose Kinderspiele oder lustwandelten ehrbar in den Gartenwegen umher, deren akkurate Sauberkeit von selbst ein gesittetes Benehmen vorschrieb.

Da war es mir sonderbar, Helene und Anna beisammen zu sehen und gleichzeitig mit beiden zu reden. Mit Helene Kurz, die wieder wundervoll aussah, konnte ich nur von oberflächlichen Dingen sprechen, aber ich tat es mit den feinsten Tönen, während ich mit Anna auch über das Interessanteste ohne Aufregung und Anstrengung plauderte. Und indem ich ihr dankbar war und in der Unterhaltung mit ihr ausruhte, und mich sicher fühlte, schielte ich doch von ihr weg beständig nach der Schöneren hinüber, deren Anblick mich beglückte und doch immer ungesättigt ließ.

Mein Bruder Fritz langweilte sich elend. Nachdem er genug Kuchen gegessen hatte, schlug er einige derbere Spiele vor, die teils nicht zugelassen, teils schnell wieder aufgegeben wurden. Zwischenein zog er mich auf die Seite und beklagte sich bitter über den Nachmittag. Als ich die Achseln zuckte, erschreckte er mich durch das Geständnis, daß er einen Pulverfrosch in der Tasche habe, den er später bei dem üblichen längeren Abschiednehmen der Mädchen loszulassen gedenke.

Nur durch inständiges Bitten brachte ich ihn von diesem Vorhaben ab. Darauf begab er sich in den entferntesten Teil des großen Gartens und legte sich unter die Stachelbeerbüsche. Ich aber beging Verrat an ihm, indem ich mit den andern über seinen knabenhaften Unmut lachte, obwohl er mir leid tat und ich ihn gut verstand.

Mit den beiden Kusinen war leicht fertig zu werden. Sie waren unverwöhnt und nahmen auch Bonmots, die längst nicht mehr den Glanz der Neuheit hatten, dankbar und begierig auf. Der Onkel hatte sich gleich nach dem Kaffee zurückgezogen. Tante Berta hielt sich zumeist an Lotte und war, nachdem ich mit ihr über die Zubereitung von eingemachtem Beerenobst konversiert hatte, von mir befriedigt. So blieb ich den beiden Fräulein nahe und machte mir in den Pausen des Gespräches Gedanken darüber, warum mit einem Mädchen, in das man verliebt ist, es sich so viel schwieriger reden lasse als mit andern. Gern hätte ich der Helene irgendeine Huldigung dargebracht, allein es wollte mir nichts einfallen. Schließlich schnitt ich von den vielen Rosen zwei ab und gab die eine Helene, die andere der Anna Amberg.

Das war der letzte ganz harmlose Tag meiner Ferien. Am nächsten Tage hörte ich von einem gleichgültigen Bekannten in der Stadt, die Kurz verkehre neuestens viel in dem und dem Hause, und es werde wohl bald eine Verlobung geben. Er erzählte das nebenher unter andern Neuigkeiten, und ich hütete mich, mir etwas anmerken zu lassen. Aber wenn es auch nur ein Gerücht war, ich hatte ohnehin von Helene wenig zu hoffen gewagt und war nun überzeugt, sie sei mir verloren. Verstört kam ich heim und floh in meine Stube.

Wie die Umstände lagen, konnte bei meiner leichtlebigen Jugend die Trauer nicht gar lange anhalten. Doch war ich mehrere Tage für keine Lustbarkeit zu haben, lief einsame Wege durch die Wälder, lag lange gedankenlos traurig im Haus herum und phantasierte abends bei geschlossenen Fenstern auf der Geige.

»Fehlt dir etwas, mein Junge?« sagte mein Papa zu mir und legte mir die Hand auf die Schulter.

»Ich habe schlecht geschlafen«, antwortete ich, ohne zu lügen. Mehr brachte ich nicht heraus. Er aber sagte nun etwas, das mir später oft wieder einfiel.

»Eine schlaflose Nacht«, sagte er, »ist immer eine lästige Sache. Aber sie ist erträglich, wenn man gute Gedanken hat. Wenn man daliegt und nicht schläft, ist man leicht ärgerlich und denkt an ärgerliche Dinge. Aber man kann auch seinen Willen brauchen und Gutes denken.«

»Kann man?« fragte ich. Denn ich hatte in den letzten Jahren am Vorhandensein des freien Willens zu zweifeln begonnen.

»Ja, man kann«, sagte mein Vater nachdrücklich.

Die Stunde, in der ich nach mehreren schweigsamen und bitteren Tagen zuerst wieder mich und mein Leid vergaß, mit andern lebte und froh war, ist mir noch deutlich in Erinnerung. Wir saßen alle im Wohnzimmer beim Nachmittagskaffee, nur Fritz fehlte. Die andern waren munter und gesprächig, ich aber hielt den Mund und nahm nicht teil, obwohl ich im geheimen schon wieder ein Bedürfnis nach Rede und Verkehr spürte. Wie es jungen Leuten geht, hatte ich meinen Schmerz mit einer Schutzmauer von Schweigen und abwehrendem Trotz umgeben, die andern hatten mich nach dem guten Brauch unseres Hauses in Ruhe gelassen und meine sichtbare Verstimmung respektiert, und nun fand ich den Entschluß nicht, meine Mauer einzureißen, und spielte, was eben noch echt und notwendig gewesen war, als eine Rolle weiter, mich selber langweilend und auch beschämt über die kurze Dauer meiner Kasteiung.

Da schmetterte unversehens in unsere stille Kaffeetischbehaglichkeit eine Trompetenfanfare hinein, eine kühn und aggressiv geblasene, blitzende Reihe kecker Töne, die uns alle augenblicks von den Stühlen aufriß.

»Es brennt!« rief meine Schwester erschrocken.

»Das wäre ein komisches Feuersignal.«

»Dann kommt Einquartierung.«

Indessen waren wir schon alle im Sturm an die Fenster gestürzt. Wir sahen auf der Straße, gerade vor unserem Haus, einen Schwarm von Kindern und mitten darin auf einem großen weißen Roß einen feuerrot gekleideten Trompeter, dessen Horn und Habit in der Sonne gleißend prahlten. Der Wundermensch blickte während des Blasens zu allen Fenstern empor und zeigte dabei ein braunes Gesicht mit einem ungeheuren ungarischen Schnauzbart. Er blies fanatisch weiter, Signale und allerlei spontane Einfälle, bis alle Fenster der Nachbarschaft voll Neugieriger waren. Da setzte er das Instrument ab, strich den Schnurrbart, stemmte die linke Hand in die Hüfte, zügelte mit der rechten das unruhige Pferd und hielt eine Rede. Auf der Durchreise und nur für diesen einen Tag halte seine weltberühmte Truppe sich im Städtlein auf, und dringenden Wünschen nachgebend werde er heute abend auf dem Brühel eine »Galavorstellung in dressierte Pferde, höhere Equilibristik sowie eine große Pantomime« geben. Erwachsene bezahlen zwanzig Pfennig, Kinder die Hälfte. Kaum hatten wir gehört und alles gemerkt, so stieß der Reiter von neuem in sein blinkendes Horn und ritt davon, vom Kinderschwarm und von einer Staubwolke begleitet.

Das Gelächter und die fröhliche Erregung, die der Kunstreiter mit seiner Verkündigung unter uns geweckt hatte, kam mir zustatten, und ich benützte den Augenblick, meine finstere Schweigsamkeit fahrenzulassen und wieder ein Fröhlicher unter den Fröhlichen zu sein. Sogleich lud ich die beiden Mädchen zur Abendvorstellung ein, der Papa gab nach einigem Widerstreben die Erlaubnis, und wir drei schlenderten sogleich nach dem Brühel hinunter, um uns den Spektakel einmal von außen anzusehen. Wir fanden zwei Männer damit beschäftigt, eine runde Arena abzustecken und mit einem Strick zu umzäunen, danach begannen sie den Aufbau eines Gerüstes, während nebenan auf der schwebenden Treppe eines grünen Wohnwagens eine schreckliche dicke Alte saß und strickte. Ein hübscher weißer Pudel lag ihr zu Füßen. Indem wir uns das betrachteten, kehrte der Reiter von seiner Stadtreise zurück, band den Schimmel hinterm Wagen an, zog sein rotes Prachtkleid ab und half in Hemdärmeln seinen Kollegen beim Aufbauen.

»Die armen Kerle!« sagte Anna Amberg. Ich wies jedoch ihr Mitleid zurück, nahm die Partei der Artisten und rühmte ihr freies, geselliges Wanderleben in hohen Tönen. Am liebsten, erklärte ich, ginge ich selber mit ihnen, stiege aufs hohe Seil und ginge nach den Vorstellungen mit dem Teller herum.

»Das möchte ich sehen«, lachte sie lustig.

Da nahm ich statt des Tellers meinen Hut, machte die Gesten eines Einsammelnden nach und bat gehorsamst um ein kleines Douceur für den Clown. Sie griff in die Tasche, suchte einen Augenblick unschlüssig und warf mir dann ein Pfennigstück in den Hut, das ich dankend in die Westentasche steckte.

Die eine Weile unterdrückte Fröhlichkeit kam wie eine Betäubung über mich, ich war jenen Tag kindisch ausgelassen, wobei vielleicht die Erkenntnis der eigenen Wandelbarkeit im Spiele war.

Am Abend zogen wir samt Fritz zur Vorstellung aus, schon unterwegs erregt und lustbarlich entzündet. Auf dem Brühel wogte eine Menschenmenge dunkel treibend umher, Kinder standen mit großen erwartenden Augen still und selig, Lausbuben neckten jedermann und stießen einander den Leuten vor die Füße, Zaungäste richteten sich in den Kastanienbäumen ein, und der Polizeidiener hatte den Helm auf. Um die Arena war eine Sitzreihe gezimmert, innen im Kreis stand ein vierarmiger Galgen, an dessen Armen Ölkannen hingen. Diese wurden jetzt angezündet, die Menge drängte näher, die Sitzreihe füllte sich langsam, und über den Platz und die vielen Köpfe taumelte das rot und rußig flammende Licht der Erdölfackeln.

Wir hatten auf einem der Sitzbretter Platz gefunden. Eine Drehorgel ertönte, und in der Arena erschien der Direktor mit einem kleinen schwarzen Pferd. Der Hanswurst kam mit und begann eine durch viele Ohrfeigen unterbrochene Unterhaltung mit jenem, die großen Beifall fand. Es fing so an, daß der Hanswurst irgendeine freche Frage stellte. Mit einer Ohrfeige antwortend, sagte der andere: »Hältst du mich denn für ein Kamel?«

Darauf der Clown: »Nein, Herr Prinzipal. Ich weiß den Unterschied genau, der zwischen einem Kamel und Ihnen ist.«

»So, Clown? Was denn für einer?«

»Herr Prinzipal, ein Kamel kann acht Tage arbeiten,

ohne etwas zu trinken. Sie aber können acht Tage trinken, ohne etwas zu arbeiten.«

Neue Ohrfeige, neuer Beifall. So ging es weiter, und während ich mich über die Naivität der Witze und über die Einfalt der dankbaren Zuhörer belustigt wunderte, lachte ich selber mit.

Das Pferdchen machte Sprünge, setzte über eine Bank, zählte auf zwölf und stellte sich tot. Dann kam ein Pudel, der sprang durch Reifen, tanzte auf zwei Beinen und exerzierte militärisch. Dazwischen immer wieder der Clown. Es folgte eine Ziege, ein sehr hübsches Tier, die auf einem Sessel balancierte.

Schließlich wurde der Clown gefragt, ob er denn gar nichts könne als herumstehen und Witze machen. Da warf er schnell sein weites Hanswurstkleid von sich, stand im roten Trikot da und bestieg das hohe Seil. Er war ein hübscher Kerl und machte seine Sache gut. Und auch ohne das war es ein schöner Anblick, die vom Flammenschein beleuchtete rote Gestalt hoch oben am dunkelblauen Nachthimmel schweben zu sehen.

Die Pantomime wurde, da die Spielzeit schon überschritten sei, nicht mehr aufgeführt. Auch wir waren schon über die übliche Stunde ausgeblieben und traten unverweilt den Heimweg an.

Während der Vorstellung hatten wir uns beständig lebhaft unterhalten. Ich war neben Anna Amberg gesessen, und ohne daß wir anderes als Zufälliges zueinander gesagt hätten, war es so gekommen, daß ich schon jetzt beim Heimgehen ihre warme Nähe ein wenig vermißte.

Da ich in meinem Bett noch lange nicht einschlief, hatte ich Zeit, mir darüber Gedanken zu machen. Sehr unbequem und·beschämend war mir dabei die Erkenntnis meiner Treulosigkeit. Wie hatte ich auf die schöne Helene Kurz so schnell verzichten können? Doch legte ich mit einiger Sophistik an diesem Abend und in den nächsten Tagen mir alles reinlich zurecht und löste alle scheinbaren Widersprüche befriedigend.

Noch in derselben Nacht machte ich Licht, suchte in meiner Westentasche das Pfennigstück, das mir Anna heute im Scherz geschenkt hatte, und betrachtete es zärtlich. Es trug die Jahreszahl 1877, war also so alt wie ich. Ich wickelte es in weißes Papier, schrieb die Anfangsbuchstaben A. A. und das heutige Datum darauf und verbarg es im innersten Fach meines Geldbeutels, als einen Glückspfennig.

Die Hälfte meiner Ferienzeit – und bei Ferien ist immer die erste Hälfte die längere – war längst vorüber, und der Sommer fing nach einer heftigen Gewitterwoche schon langsam an, älter und nachdenklicher zu werden. Ich aber, als sei sonst nichts in der Welt von Belang, steuerte verliebt mit flatternden Wimpeln durch die kaum merkbar abnehmenden Tage, belud jeden mit einer goldenen Hoffnung und sah im Übermut jeden kommen und leuchten und gehen, ohne ihn halten zu wollen und ohne ihn zu bedauern.

An diesem Übermut war nächst der unbegreiflichen Sorglosigkeit der Jugend zu einem kleinen Teil auch meine liebe Mutter schuld. Denn ohne ein Wort darüber zu sagen, ließ sie es merken, daß meine Freundschaft mit Anna ihr nicht mißfiel. Der Umgang mit dem gescheiten und wohlgesitteten Mädchen hat mir in der Tat gewiß wohlgetan, und mir schien, es würde auch ein tieferes und näheres Verhältnis mit ihr die Billigung meiner Mama finden. So brauchte es keine Sorge und kein Heimlichtun, und wirklich lebte ich mit Anna nicht anders als mit einer geliebten Schwester.

Allerdings war ich damit noch lange nicht am Ziel meiner Wünsche, und nach einiger Zeit bekam dieser unverändert kameradschaftliche Verkehr gelegentlich etwas fast Peinliches für mich, da ich aus dem klar umzäunten Garten der Freundschaft in das weite freie Land der Liebe hin begehrte und durchaus nicht wußte, wie ich unvermerkt meine arglose Freundin auf diese Wege locken könnte. Doch entstand gerade hieraus für die letzte Zeit meiner Ferien ein köstlich freier, schwebender Zustand zwischen Zufriedensein und Mehrverlangen, der mir wie ein großes Glück im Gedächtnis steht.

So verlebten wir in unserm glücklichen Hause gute Sommertage. Zur Mutter war ich inzwischen wieder in das alte Kindesverhältnis gekommen, so daß ich mit ihr ohne Befangenheit über mein Leben reden, Vergangenes beichten und Pläne für später besprechen konnte. Ich weiß noch, wie wir einmal vormittags in der Laube saßen und Garn wickelten. Ich hatte erzählt, wie es mir mit dem Gottesglauben gegangen war, und hatte mit der Behauptung geendet, wenn ich wieder gläubig werden sollte, müsste erst jemand kommen, dem es gelänge, mich zu überzeugen.

Da lächelte meine Mutter und sah mich an, und nach einigem Besinnen sagte sie: »Wahrscheinlich wird der niemals kommen, der dich überzeugen wird. Aber allmählich wirst du selber erfahren, daß es ohne Glauben im Leben nicht geht. Denn das Wissen taugt ja nichts. Jeden Tag kommt es vor, daß jemand, den man genau zu kennen glaubte, etwas tut, was einem zeigt, daß es mit dem Kennen und Gewißwissen nichts war. Und doch braucht der Mensch ein Vertrauen und eine Sicherheit. Und da ist es immer besser, zum Heiland zu gehen als zu einem Professor oder zum Bismarck oder sonst zu jemand.«

»Warum?« fragte ich. »Vom Heiland weiß man ja auch nicht so viel Gewisses.«

»O, man weiß genug. Und dann, – es hat im Lauf der Zeiten hie und da einen einzelnen Menschen gegeben, der mit Selbstvertrauen und ohne Angst gestorben ist. Das erzählt man vom Sokrates und von ein paar andern; viele sind es nicht. Es sind sogar sehr wenige, und wenn sie ruhig und getrost haben sterben können, so war es nicht wegen ihrer Gescheitheit, sondern weil sie rein im Herzen und Gewissen waren. Also gut, diese paar Leute sollen, jeder für sich, recht haben. Aber wer von uns ist wie sie? Gegen diese wenigen aber siehst du auf der andern Seite Tausende und Tausende, arme und gewöhnliche Menschen, die trotzdem willig und getrost haben sterben können, weil sie an den Heiland glaubten. Dein Großvater ist vierzehn Monate in Schmerzen und Elend gelegen, ehe er erlöst wurde, und hat nicht geklagt und hat die Schmerzen und den Tod fast fröhlich gelitten, weil er am Heiland seinen Trost hatte.«

Und zum Schluß meinte sie: »Ich weiß gut, daß das dich nicht überzeugen kann. Der Glaube geht nicht durch den Verstand, so wenig wie die Liebe. Du wirst aber einmal erfahren, daß der Verstand nicht zu allem hinreicht, und wenn du so weit bist, wirst du in der Not nach allem langen, was wie ein Trost aussieht. Vielleicht fällt dir dann manches wieder ein, was wir heute geredet haben.«

Dem Vater half ich im Garten, und oft holte ich ihm auf Spaziergängen in einem Säcklein Walderde für seine Topfblumen. Mit Fritz erfand ich neue Feuerkünste und verbrannte mir die Finger beim Loslassen. Mit Lotte und Anna Amberg brachte ich halbe Tage in den Wäldern zu, half Beeren pflücken und Blumensuchen, las Bücher vor und entdeckte neue Spaziergänge.

Die schönen Sommertage gingen einer um den andern hin. Ich hatte mich daran gewöhnt, fast immer in

Annas Nähe zu sein, und wenn ich daran dachte, daß es nun bald sein Ende haben müsse, zogen schwere Wolken über meinen blauen Ferienhimmel.

Und wie denn alles Schöne und auch das Köstlichste nur zeitlich ist und sein gesetztes Ziel hat, so entrann Tag um Tag auch dieser Sommer, der mir in der Erinnerung meine ganze Jugend zu beschließen scheint. Man begann von meiner baldigen Abreise zu sprechen. Die Mutter nahm noch einmal meinen Besitz an Wäsche und Kleidern prüfend durch, flickte einiges und schenkte mir am Tage des Einpackens zwei Paar guter grauwollener Socken, die sie selber gestrickt hatte und von denen wir beide nicht wußten, daß sie ihr letztes Geschenk an mich waren.

Lang gefürchtet und doch überraschend kam endlich der letzte Tag herauf, ein hellblauer Spätsommertag mit zärtlich flatternden Spitzenwölklein und einem sanften Südostwinde, der im Garten mit den noch zahlreich blühenden Rosen spielte und schwer mit Duft beladen gegen Mittag müd wurde und einschlief. Da ich beschlossen hatte, noch den ganzen Tag auszunützen und erst spät am Abend abzureisen, wollten wir Jungen den Nachmittag noch auf einen schönen Ausflug verwenden. So blieben die Morgenstunden für die Eltern übrig, und ich saß zwischen beiden auf dem Kanapee in Vaters Studierstube. Der Vater hatte mir noch einige Abschiedsgaben aufgespart, die er mir nun freundlich und mit einem scherzhaften Ton, hinter dem er seine Bewegung verbarg, überreichte. Es war ein kleines altmodisches Beutelein mit einigen Talern, eine in der Tasche tragbare Schreibfeder und ein nett eingebundenes Heftlein, das er selber hergestellt und worin er mir ein Dutzend guter Lebenssprüche mit seiner strengen lateinischen Schrift geschrieben hatte. Mit den Talern empfahl er mir zu sparen, aber nicht zu geizen, mit der Feder bat er mich, recht oft heimzuschreiben, und wenn ich einen neuen guten Spruch an mir bewährt fände, ihn ins Heftlein zu den andern zu notieren, die er im eigenen Leben brauchbar und wahr befunden habe.

Zwei Stunden und darüber saßen wir beisammen, und die Eltern erzählten mir manches aus meiner eigenen Kindheit, aus ihrer und ihrer Eltern Leben, das mir neu und wichtig war. Vieles habe ich vergessen, und da meine Gedanken zwischenrein immer wieder zu Anna entrannen, mag ich manches ernste und wichtige Wort nur halb gehört und geachtet haben. Geblieben aber ist mir eine starke Erinnerung an diesen Morgen im Studierzimmer, und geblieben ist mir eine tiefe Dankbarkeit und Verehrung für meine beiden Eltern, die ich heute in einem reinen, heiligen Lichte sehe, das für meine Augen keinen andern Menschen umgibt.

Damals aber ging mir der Abschied, den ich am Nachmittag zu nehmen hatte, weit näher. Bald nach dem Mittagessen machte ich mich mit den beiden Mädchen auf den Weg, über den Berg nach einer schönen Waldschlucht, einem schroffen Seitental unseres Flusses.

Anfangs machte meine bedrückte Stimmung auch die andern nachdenklich und schweigsam. Erst auf der Berghöhe, von wo zwischen hohen roten Föhrenstämmen das schmale gewundene Tal und ein weites waldgrünes Hügelland zu sehen war und wo hochstielige Kerzenblumen im Winde schwankten, riß ich mich mit einem Juchzer aus der Befangenheit los. Die Mädchen lachten und stimmten sofort ein Wanderlied an; es war »O Täler weit, o Höhen«, ein altes Lieblingslied unserer Mutter, und beim Mitsingen fielen mir eine Menge fröhlicher Waldausflüge aus Kinderzeiten und vergangenen Feriensommern ein. Von diesen und von der Mutter fingen wir denn auch wie verabredet zu sprechen an, sobald der letzte Vers verklungen war. Wir sprachen von diesen Zeiten mit Dank und Stolz, denn wir haben eine herrliche Jugend- und Heimatzeit gehabt, und ich ging mit Lotte Hand in Hand, bis Anna sich lachend anschloß. Da schritten wir die ganze den Bergrücken entlang führende·Straße händeschwingend zu dreien in einer Art von Tanz dahin, daß es eine Freude war.

Dann stiegen wir auf einem steilen Fußpfad seitwärts in die finstere Schlucht eines Baches hinab, der von weitem hörbar über Geröll und Felsen sprang. Weiter oben am Bach lag eine beliebte Sommerwirtschaft, in welche ich die beiden zu Kaffee und Eis und Kuchen eingeladen hatte. Bergab und den Bach entlang mußten wir hintereinander gehen, und ich blieb hinter

Anna, betrachtete sie und sann auf eine Möglichkeit, sie heute noch allein zu sprechen.

Schließlich fiel mir eine List ein. Wir waren unserm Ziel schon nahe an einer grasigen Uferstelle, die voll von Bachnelken stand. Da bat ich Lotte, vorauszugehen und Kaffee zu bestellen und einen hübschen Gartentisch für uns decken zu lassen, während ich mit Anna einen großen Waldstrauß machen wolle, da es gerade hier so schön und blumig sei. Lotte fand den Vorschlag gut und ging voraus. Anna setzte sich auf ein moosiges Felsstück und begann Farnkraut zu brechen.

»Also das ist mein letzter Tag«, fing ich an.

»Ja, es ist schade. Aber Sie kommen ja sicher bald einmal wieder heim, nicht?«

»Wer weiß? Jedenfalls im nächsten Jahr nicht, und wenn ich auch wiederkomme, so ist doch nicht mehr alles wie diesmal.«

»Warum nicht? «

»Ja, wenn Sie dann auch gerade wieder da wären!«

»Das wäre schließlich nicht unmöglich. Aber meinetwegen sind Sie ja doch auch diesmal nicht heimgekommen.«

»Weil ich Sie noch gar nicht gekannt habe, Fräulein Anna.«

»Allerdings. Aber Sie helfen mir gar nicht! Geben Sie mir wenigstens ein paar von den Bachnelken dort.«

Da nahm ich mich zusammen.

»Nachher so viel Sie wollen. Aber im Augenblick ist

mir etwas anderes zu wichtig. Sehen Sie, ich habe jetzt ein paar Minuten mit Ihnen allein, und darauf hab ich den ganzen Tag gewartet. Denn – weil ich doch heute reisen muß, wissen Sie – also kurz, ich wollte Sie fragen, Anna –«

Sie sah mich an, ihr gescheites Gesicht war ernst und beinahe bekümmert.

»Warten Sie!« unterbrach sie meine hilflose Rede. »Ich glaube, ich weiß schon, was Sie mir sagen wollen. Und jetzt bitte ich Sie herzlich, sagen Sie's nicht!«

»Nicht?«

»Nein, Hermann. Ich kann Ihnen jetzt nicht erzählen, warum das nicht sein darf, doch dürfen Sie es gern wissen. Fragen Sie später einmal Ihre Schwester, die weiß alles. Unsere Zeit ist jetzt zu kurz, und es ist eine traurige Geschichte, und heut wollen wir nicht traurig sein. Wir wollen jetzt unsern Strauß machen, bis Lotte wiederkommt. Und im übrigen wollen wir gute Freunde bleiben und heute noch miteinander fröhlich sein. Wollen Sie?«

»Ich wollte schon, wenn ich könnte.«

»Nun dann, so hören Sie. Mir geht es wie Ihnen; ich habe einen lieb und kann ihn nicht bekommen. Aber wem es so geht, der muß alle Freundschaft und alles Gute und Frohe, was er sonst etwa haben kann, doppelt festhalten, nicht wahr? Drum sage ich, wir wollen gut Freund bleiben und wenigstens noch diesen letzten Tag einander fröhliche Gesichter zeigen. Wollen wir?«

Da sagte ich leise ja, und wir gaben einander die Hände darauf. Der Bach lärmte und jubelte und spritzte feine Tropfen zu uns herauf, unser Strauß wurde groß und farbig, und es dauerte nicht lange, da sang und rief meine Schwester uns schon wieder entgegen. Als sie bei uns war, tat ich, als wollte ich trinken, kniete am Bachrand hin und tauchte Stirn und Augen eine kleine Weile in das kalt strömende Wasser. Dann nahm ich den Strauß zur Hand, und wir gingen miteinander den kurzen Weg bis zur Wirtschaft.

Dort stand unter einem Ahornbaum ein Tisch für uns gedeckt, es gab Eis und Kaffee und Biskuits, die Wirtin hieß uns willkommen, und zu meiner eigenen Verwunderung konnte ich sprechen und Antwort geben und essen, als wäre alles gut. Ich wurde fast fröhlich, hielt eine kleine Tischrede und lachte ohne Zwang mit, wenn gelacht wurde.

Ich will es Anna nicht vergessen, wie einfach und lieb und tröstlich sie mir über das Demütigende und Traurige an jenem Nachmittag hinweggeholfen hat. Ohne merken zu lassen, daß etwas zwischen ihr und mir vorgefallen sei, behandelte sie mich mit einer schönen Freundschaftlichkeit, die mir meine Haltung bewahren half und mich nötigte, ihr älteres und tieferes Leid und die Art, wie sie es heiter trug, hoch zu achten.

Das enge Waldtal füllte sich mit frühen Abendschatten als wir aufbrachen. In der Höhe aber, die wir rasch erstiegen, holten wir die sinkende Sonne wieder ein und schritten noch eine Stunde lang in ihrem warmen Licht, bis wir sie beim Niederstieg zur Stadt nochmals aus den Augen verloren. Ich sah ihr nach, wie sie schon groß und rötlich zwischen schwarzen Tannenwipfeln stand, und dachte daran, daß ich sie morgen weit von hier an fremden Orten wiedersehen würde.

Abends, nachdem ich vom ganzen Hause Abschied genommen hatte, gingen Lotte und Anna mit mir auf den Bahnhof und winkten mir nach, als ich im Zug war und der eingebrochenen Finsternis entgegenfuhr.

Ich stand am Wagenfenster und schaute auf die Stadt hinaus, wo schon Laternen und helle Fenster leuchteten. In der Nähe unseres Gartens nahm ich eine starke, blutrote Helle wahr. Da stand mein Bruder Fritz und hatte in jeder Hand ein bengalisches Licht, und in dem Augenblick, da ich winkte und an ihm vorbeifuhr, ließ er eine Rakete senkrecht aufsteigen. Hinauslehnend sah ich sie steigen und innehalten, einen weichen Bogen beschreiben und in einem roten Funkenregen vergehen. *(1907)*

Kindheit als literarische Quelle
Nachwort

»Ruhe der Kindheit! himmlische Ruhe! wie oft steh ich stille vor dir in liebender Betrachtung, und möchte dich denken!

Aber wir haben ja nur Begriffe von dem, was einmal schlecht und wieder gut gemacht ist; von Kindheit, von Unschuld haben wir keine Begriffe.

Da ich noch ein stilles Kind war und von dem allen, was uns umgibt, nichts wußte, war ich da nicht mehr, als jetzt, nach all den Mühen des Herzens und all dem Sinnen und Ringen?

Ja! Ein göttliches Wesen ist das Kind, solang es nicht in die Chamäleonsfarbe des Menschen getaucht ist.

Es ist ganz, was es ist, und darum ist es schön.

Der Zwang des Gesetzes und des Schicksals betastet es nicht; im Kind ist Freiheit allein.

In ihm ist Frieden; es ist noch mit sich selber nicht zerfallen. Reichtum ist in ihm; es kennt sein Herz, die Dürftigkeit des Lebens nicht. Es ist unsterblich, denn es weiß vom Tode nichts.

Aber das können die Menschen nicht leiden. Das Göttliche muß werden, wie ihrer einer, muß erfahren, daß sie auch da sind, und eh es die Natur aus seinem Paradies treibt, so schmeicheln und schleppen die Menschen es heraus, auf das Feld des Fluchs, daß es, wie sie, im Schweiße des Angesichts sich abarbeite.

Aber schön ist auch die Zeit des Erwachens, wenn man nur zur Unzeit uns nicht weckt.

O es sind heilige Tage, wo unser Herz zum ersten Mal die Schwingen übt, wo wir, voll schnellen feurigen Wachstums, dastehn in der herrlichen Welt, wie die junge Pflanze, wenn sie der Morgensonne sich aufschließt, und die kleinen Arme dem unendlichen Himmel entgegenstreckt.«

Friedrich Hölderlin ließ dies 1797 seinen *Hyperion* an den Freund Bellarmin schreiben. Ganz in der geistigen und literarischen Nachfolge seines großen schwäbischen Urahns bekannte ein Jahrhundert später Hermann Hesse in seiner um 1900 entstandenen Betrachtung *Knabenzeit*:

»O unsre Knabenzeit! O ihr kurzen, von Taten überfüllten, leidenschaftlichen, frechen, stolzen Siegerjahre! Was haben wir damals erlebt und mitgemacht, und wie heiß und heftig und unvergeßlich! Und wie haben wir mit den Alten, die uns nicht verstanden und nicht ernst nahmen, gekämpft und gerungen, vorab mit den Schulmeistern! Wie haben wir unser Kinderland verteidigt, Schritt um Schritt zurückgetrieben, aber zäh und erbittert nur der feigen Übermacht am Ende erliegend. Wie haben wir die Güter des Lebens vorausgeahnt, ersehnt, vorausbesessen, edler und köstlicher als wir sie hernach in unsern besten Stunden in der Wirklichkeit fanden und genossen! Es gibt keinen Staatsmann, Baumeister, Krieger, Dichter, dem sein wertester Erfolg nur ein Zehnteil jenes Schwelgens im jungen Ruhm bringt, den wir genossen, wenn uns für einen Steinwurf, einen Wettlauf, eine Standhaftigkeit den Lehrern gegenüber, für ein flottes Schwimmen oder einen raschen Witz ein flüchtiger Ruhm umglänzte. Und in aller Leidenschaft und allem wilden Trotz waren wir weich wie Wolken, die der Wind zu schönen Formen gestaltet und die das Licht mit reinen zarten Farben malt. Ein Märchen, ein Lied, ein schönes Wort, ein guter Blick der Mutter ging uns bis ins Herz und unsere jungen, trotzigen Seelen schmolzen und zitterten und beugten sich in bereitwilliger Bewunderung und Rührung.«

Mehr noch als andere Dichter schrieb Hermann Hesse (1877–1962) aus der Quelle und Inspiration der Kindheit und Jugend heraus. Seine in diesem Band versammelten Erzählungen, Betrachtungen und Erinnerungen verdeutlichen dies:

Am Anfang steht die Erinnerung *Kindheit des Zauberers*, deren Titel programmatisch ist und der Hesse die auf den ersten Blick verblüffende, weil scheinbar widersinnige Genre-Bezeichnung *Ein autobiographisches Märchen* gab. Aber gerade in dieser – aus der Sicht des Erwachsenen – scheinbaren Widersinnigkeit steckt das Mysterium der Kindheit, das Erwachsene vergessen haben oder nicht mehr wahrhaben wollen, da es sie in Konflikte mit der pragmatisch ausgerichteten Erwachsenenwelt bringen würde. Im selbsterfundenen Genre des »autobiographischen Märchens« hat Hermann Hesse die adäquate Form gefunden, in der allein diese geheimnisvolle Kindheitswelt mit ihrem Schweben zwischen Traum und Wirklichkeit, kindlicher Imagination und Bedrohung durch die Erwachsenenwelt ansatzweise zu beschreiben ist.

Hesse erinnert sich darin seines Kinderlandes. Als »lebhafter und glücklicher Knabe« lebte er gegen Ende des 19. Jahrhunderts im Städtchen Calw an der Nagold am Rande des Schwarzwaldes in dem großen Haus des Calwer Verlagsvereins, für den der Großvater wie auch der Vater im Dienste der Basler Mission arbeiteten. Das Haus war voller Geheimnisse, voller Magie; es gab in ihm zahlreiche Dinge aus fremden Welten: tanzende Shiva-Figuren, Gerätschaften und Schmuck aus tropischen Hölzern, palmblätterne Rollen mit geheimnisvollen Schriftzeichen und Anderes, das der Großvater, der »Alte, Ehrwürdige, Gewaltige im weißen Bart« aus seinen über zwanzig Jahren in Indien mitgebracht hatte.

»Und um uns her war die kleine Stadt, alt und bucklig, und um sie die waldigen Berge, streng und etwas finster, und mitten durch floß ein schöner Fluß, gekrümmt und zögernd, und dies alles liebte ich und nannte es Heimat. [...] Es war schön und gefiel mir, aber schöner noch war die Welt meiner Wunschgedanken, reicher noch spielten meine Wachträume. Wirklichkeit war niemals genug. Zauber tat not.«

Lange habe er dabei »im Paradiese« gelebt. Aber die Eltern hätten ihn auch »frühzeitig mit der Schlange bekannt gemacht«. Und von den Folgen dieser Bekanntschaft erzählt die zweite Erzählung *Kinderseele*. Darin schildert Hesse aus der Sicht des Elfjährigen die seelischen Qualen, die eine vom Vater zelebrierte Bestrafung für einen nicht zugegebenen Diebstahl von Feigen aus dem Zimmer des Vaters mit sich bringt. Die Erzählung, deren Psychologie der Psychoanalytiker Alexander Mitscherlich »großartig und von äußerster Subtilität« nannte, endet mit einer Versöhnung; aber der Sohn kann nur halb verzeihen; er ist eines Teils seiner Kindheit verlustig gegangen.

Die folgenden drei kurzen Geschichten *Floßfahrt*, *Der Kavalier auf dem Eise* und *Erlebnis in der Knabenzeit* erzählen von Initiationsriten am Übergang von der Kindheit zur Jugend und zum Erwachsenwerden: von jugendlichen Mutproben, vom Abenteuer der ersten Liebe und auch von der ersten Begegnung mit dem Tod.

Dem besonderen Thema Schule widmen sich die beiden Erzählungen *Unterbrochene Schulstunde* und *Erwin*. Erstere schildert das Erkennen der schulischen Problematik in der Zeit an der Calwer Lateinschule, während die zweite, die als Vorstufe zum Roman »Unterm Rad« entstanden ist, die Auflehnung dagegen während der Maulbronner Seminarzeit zeigt.

Die Tübinger Erinnerung *Eine Novembernacht* spielt im stürmischen Studentenmilieu. Zwar absolvierte Hermann Hesse in seiner Tübinger Zeit vor allem pflichtbewusst seine Buchhändlerausbildung, betrieb zudem in seiner Freizeit autodidaktische Literaturstudien und schrieb bereits an seinen ersten eigenen Büchern, aber ab und zu hat er mit studentischen Freunden, darunter Ludwig Finckh, der später selbst Schriftsteller wurde, doch auch mal gekneipt, sodass er die studentische Welt mit ihren Freuden und Leiden durchaus kannte.

Die letzte Erzählung *Schön ist die Jugend* schildert einen versöhnlichen Abschied von der Kindheit und Jugend, entlässt aber den Ich-Erzähler zugleich mit einer neuen bittersüßen Erfahrung in Richtung Erwachsensein: Der Ich-Erzähler, der durchschimmern lässt, dass er eine nicht einfache, oft turbulente Jugendzeit hinter sich hat, kommt als gefestigter junger Mann mit abgeschlossener Berufsausbildung zu den Eltern in Ferien, bevor er eine neue Stelle im Ausland antritt. In dieser unbeschwerten Situation, in der er endlich die Anerkennung seiner Autoritätspersonen ernten kann, genießt er in seinem Elternhaus und Heimatstädtchen noch einmal die Welt der Kinder- und Jugendzeit. Dabei taucht jedoch etwas Neues auf: die Liebe, und die wirft ihn in ein neues Erfahrungsfeld, das es nun zu meistern gilt ... – Hinter dem Ich-Erzähler ist unschwer Hermann Hesse selbst zu erkennen, der 1899 nach Abschluss seiner Ausbildung in der Tübinger Buchhandlung Heckenhauer nach Calw zu den Eltern reiste, bevor er in Basel in der Reich'schen Buchhandlung eine neue Stelle antrat.

Sämtliche Erzählungen im Band sind autobiographischer oder doch wenigstens autobiographisch motivierter Stoff. Es ist ein prägender Zug in Hesses schriftstellerischem Schaffen, dass er das Schreiben systematisch zum Reflektieren und Gestalten seines Lebens eingesetzt hat. Viele seiner Romane und Erzählungen sind »Seelenbiographien«. – Kritiker Hesses sprechen oft von »Befindlichkeitsliteratur« und werfen ihm die »Gebrauchswertorientierung« seines Schreibens vor. Daran ist zutreffend, dass Hesse in der Tat nie L'art pour l'art produziert hat. Die Kritiker bleiben indes meist die Antwort auf die Frage schuldig, was daran schlecht sein soll, wenn Literatur einen Gebrauchswert für die Reflexion und Gestaltung des Lebens hat.

Hermann Hesse schrieb aus dem existentiellsten Grund heraus, den Literatur haben kann: der permanenten Selbstvergegenwärtigung und Orientierung im Strom des Lebens und der Suche nach Beantwortung der Fragen nach dem Woher, dem Sein und dem Wohin. Anders zu schreiben war Hesse gar nicht freigestellt. Sein Schreiben war existentielle Notwendigkeit, um den tiefen Riss zu überbrücken, der sich in seiner Biographie zwischen der Kindheit und dem Erwachsenwerden aufgetan hatte. Besonders *Unterm Rad* und *Demian* dienten dieser Notwendigkeit. Aber auch danach galt Hesses Schreiben immer aufs Neue der Selbstvergewisserung, die in verschiedenen Formen durchgespielt wurde: in der indischen des *Siddhartha*, in der abendländisch-neuzeitlichen des *Steppenwolf* oder der mittelalterlichen in *Narziß und Goldmund*.

Dieser lebenslange Einsatz des literarischen Schreibens im Dienste der Selbstvergewisserung hat auch das Phänomen seiner großen Leserschaft erzeugt. – Hermann Hesse war und ist der meistgelesene deutschsprachige Schriftsteller des 20. Jahrhunderts weltweit! – Die Leser fanden und finden sich mit ihren eigenen Lebensproblemen in den Seelenbiographien Hesses wieder.

Die Quelle von Hesses Schreiben entspringt inmitten seiner ambivalenten Kindheit: Da ist zum einen die in *Kindheit des Zauberers* beschriebene glückliche Kindheit, und da ist ihr in *Kinderseele* beschriebenes Gegenteil mit dem Einbruch der von fremden Antrieben bestimmten Erwachsenenwelt. Diese zweigeteilte Kindheitswelt war sein prägendstes Erlebnis. Sie war bestimmt von der christlich-pietistischen Missionswelt, in der er aufwuchs: Es war einerseits eine bunte globale Welt, in der Menschen aus allen Erdteilen ein- und ausgingen und Kunde von den vielfältigen Kulturen mitbrachten und die kindliche Phantasie anregten. Zugleich war es aber auch eine äußerst enge provinzielle Welt, die durch und durch reglementiert war. Hesse hat Letzteres sehr deutlich noch als 60-Jähriger formuliert:

»Meine Erziehung war übrigens nicht leicht und sanft, trotz der unerschöpflichen Liebeskraft der Mutter und dem ritterlichen, delikaten und zarten Wesen des Vaters. Streng und hart waren nicht sie, sondern das Prinzip. Es war das pietistisch-christliche Prinzip, daß des Menschen Wille von Natur und Grund aus böse sei, und daß dieser Wille erst gebrochen werden müsse, ehe der Mensch in Gottes Liebe und in der christlichen Gemeinschaft das Heil erlangen könne. So wurden wir – denn unsere Eltern liebten uns sehr und waren beide nichts weniger als hart – zwar nicht spartanisch erzogen [...], aber wir lebten unter einem strengen Gesetz, das vom jugendlichen Menschen, seinen natürlichen Neigungen, Anlagen und Bedürfnissen und Entwicklungen sehr mißtrauisch dachte und unsere angeborenen Gaben, Talente und Besonderheiten keineswegs zu fördern oder gar ihnen zu schmeicheln bereit war.«

Gegen die Versuche, seinen Willen zu brechen und ihn zu bekehren, hat sich Hermann Hesse von klein auf entschieden gewehrt und hartnäckig auf seinem Recht auf Selbstbestimmung und Wahl eines eigenen Lebensweges beharrt. In der Zeit nach seinem Abbruch der Maulbronner Seminarausbildung, als er ein Vierteljahr zur Untersuchung seines Geisteszustandes in der Heil- und Pflegeanstalt Stetten untergebracht wurde, fand dieser Kampf seinen dramatischen Höhepunkt. Die erschütternden Briefe an die Eltern gipfelten in der Aussage:

»Ihr seht nach diesem elenden Leben ein besseres, während ich mir's ganz anders denke und darum dies Leben entweder wegwerfen oder etwas davon haben möchte. [...]
Meine letzte Kraft will ich aufwenden, zu zeigen, daß ich nicht die Maschine bin, die man nur aufzuziehen braucht. [...]

Ihr wißt selber, was es ist um ein blutjunges Herz mit Poesie und Ideal […]. Ihr sagt, ich habe noch ein ganzes Leben vor mir. Allerdings, aber die Jugend ist das Fundament, da ist das Herz noch empfänglich für Gutes und Böses. Aber ach, ich vergesse, daß Ihr andere Menschen seid, ohne Makel und Fehl, wie die Statue, aber ebenso tot. Ja, Ihr seid echte wahre Pietisten […]. Ihr habt andere Anschauungen, Hoffnungen, andre Ideale, findet in Andrem Eure Befriedigung, macht andre Ansprüche an dieses und jenes Leben; Ihr seid Christen und ich – nur ein Mensch.«

In jener Zeit stand für Hermann Hesse bereits der Entschluss fest, den er in einer autobiographischen Skizze von 1923 rückblickend so beschrieb:

»Von meinem dreizehnten Jahr an war mir das eine klar, daß ich entweder ein Dichter oder gar nichts werden wolle. Zu dieser Klarheit kam aber allmählich eine andere, peinliche Einsicht. Man konnte Lehrer, Pfarrer, Arzt, Handwerker, Kaufmann, Postbeamter werden, auch Musiker, auch Maler oder Architekt, zu allen Berufen der Welt gab es einen Weg, gab es Vorbedingungen, gab es eine Schule, einen Unterricht für den Anfänger. Bloß für den Dichter gab es das nicht! Es war erlaubt und galt sogar für eine Ehre, ein Dichter zu sein: das heißt als Dichter erfolgreich und bekannt zu *sein*, meistens war man leider dann schon tot. Ein Dichter zu *werden* aber, das war unmöglich, es werden zu *wollen*, war eine Lächerlichkeit und Schande, wie ich sehr bald erfuhr.«

Hermann Hesse ließ sich trotzdem durch nichts und niemand von seinem Entschluss abbringen. »Sei du selbst!« war fortan seine Lebensmaxime. Über den Umweg eines Mechanikerpraktikums und einer Buchhändlerlehre erreichte er schließlich sein Ziel, Dichter zu werden, und im Schreiben fand er lebenslang das Mittel, sich gleichzeitig zu retten und zu verwirklichen.

Treu auch ein Rest von Kindersinn,
Ein Blau im Blick, ein Träumerzug,
Der tröstend oft zu dir mich hin
In meinen schwersten Nächten trug.

(Aus dem Gedicht »Kindheit«)

Herbert Schnierle-Lutz

Hermann Hesse

Das erzählerische Werk
Sämtliche Jugendschriften, Romane,
Erzählungen, Märchen und Gedichte

Herausgegeben von Volker Michels
10 Bände in Kassette. Broschur

Hermann Hesse

Das essayistische Werk
Autobiographische Schriften.
Betrachtungen und Berichte.
Die politischen Schriften

Herausgegeben von Volker Michels
10 Bände in Kassette. Broschur

Band 1
Autobiographische Schriften I
Wanderung
Kurgast
Die Nürnberger Reise
Tagebücher

Band 2
Autobiographische Schriften II
Selbstzeugnisse
Erinnerungen
Gedenkblätter und
Rundbriefe

Band 3
Betrachtungen und Berichte I
1899-1926

Eine Wanderung durch Hesses Werk auf den bunten Spuren des Frühlings

»Es war Frühlingsbeginn. Über die runden, schöngewölbten Hügel lief wie eine dünne, lichte Welle das keimende Grün, die Bäume legten ihre Wintergestalt, das braune Netzwerk mit den scharfen Umrissen, ab und verloren sich mit jungem Blätterspiel ineinander und in die Farben der Landschaft als eine unbegrenzte, fließende Woge von lebendigem Grün.«
Hermann Hesse

Der »unendlich schöne« Frühling inspirierte Hermann Hesse zu einer Vielzahl an Gedichten und Betrachtungen, in denen er über den Zauber und die geheimnisvolle Aura des Frühlings sinnierte.

Hermann Hesse, Frühling. Ausgewählt von Ulrike Anders. insel taschenbuch 4117. Etwa 120 Seiten

NF 109 / 1 / 11.11